죄사함과 즉시부활

KB201873

박성진 지음

창조와 지식

[태초란 무엇일까?]

"태초에 하나님이 천지를 창조하시니라" 란 말씀에서 태초란 무엇을 말씀하는 것일까요? 태초란 지금으로부터 시간 상 약 육천년 전을 말씀하는 것이 아니고 각 사람에게 태초가 다 다르다는 말씀입니다.

만약에 나라는 존재가 아예 이 세상에 없다면 나라는 존재에게는 성경도 없고 하나님도 안 계신 것이 됩니다. 나라는 존재가 있으니까 하나님도 계시고 천국도 있고 지옥도 있고 지구와 달과 우주와 태양이 있는 것이지 나란 존재 자체가 없다면 나에게는 하나님도 없게 되십니다. 나라고 인식하는 존재를 누군가 창조하셨다면 바로 그 분이 하나님이 되십니다. 결국 내가 나를 인식하는 그 시점이 바로 태초가 됩니다. 여러분들이 여러분 자신을 언제 최초로 인식하셨는지요? 갓난 애기 때는 아니겠지만 어쨌든 여러분들이 자신을 인식한 그 시점이 여러분들에게 최초가 됩니다. "태초에 천지를 창조하시느니라"의 천지의 천을 영어 단어로 보면 the heavens로 되어있는데 이 말씀은 하늘이 한 개가 아니고 여러 개 심지어는 인구의 개수만큼도 될 수 있음을 말씀하시는데 어찌 보면 당연한 말씀이십니다. 왜냐하면 천지란 내가 있을 때 의미가 있는 것이기에 하나님께서는 복수로 천지를 창조하신 것입니다.

지금의 개수로 따지면 약 80억 개 정도 되지 않을까요? 결국 하나님께서는 약 80억 개의 천지를 창조하신 것이십니다. 약 80억 개의 천지는 예수님이 오신 시기가 다 다를 수밖에 없게 됩니다.

예수님께서 언제 십자가에서 형벌을 받으셨는지는 뒤에 자세히 설명해 놓았으니 순서대로 죽 읽어 나가시를 바랍니다. 태초를 정리하면 태초란 바로 나 자신이 스스로를 인식하는 그 때가 각각의 사람에게 태초가 됩니다. 개인의 입장에서 보면 태초에 하나님이 개인 즉 나 하나만을 창조하셨기에 나 하나만의 세상에서는 유일하게 하나님 한 분 밖에 계실 수 밖에 없으십니다. 그럼 내가 존재하는 이 세상은 오직 나와 하나님 한 분 밖에는 안 계십니다. 그럼 나와 하나님 한 분 밖에 안 계시는데 그러면 결국 내가 존재하는 단 하나의 세상에는 하나님 한 분만이 계신데 그럼 내가 존재하는 단 하나의 세상에는 하나님께서 어디에 계시는 것일까요? 네 맞아요 그 하나님께서는 바로 내 안에 계시는 것이고 내가 그 분 안에 있는 것이 됩니다. 이 내용을 신약에서는 여러 번 반복해서 강조하고 계십니다. (요한복음 5장 15절) "나는 포도나무요 너희는 가지니 저가 내 안에 내가 저 안에 있으면 이 사람은 과실을 많이 맺나니 나를 떠나서는 너희가 아무 것도 할 수 없음이라 "에서 포도나무와 가지를 말씀하셨으니 예수님과 우리가 한 몸 인 것을 알 수가 있습니다. 여기서 부활에 관해서도 말씀하고 계신데 부활은 뒤에 자세히 설명되어 있습니다. (요한복음 14장 20절) "그 날에는 내가 아버지 안에 너희가 내 안에 내가 너희 안에 있는 것을 너희가 알리라 "에서 예수님과 내가 하나임을 전하시고 계십니다. (히브리서 2장 11절) "거룩하게 하시는 자와 거룩하게 함을 입은 자들이 다 하나에서 난지라 그러므로 형제라 부르시기를 부끄러워 아니하시고 "에서 거룩하게 하시는 자 즉 하나님과 거룩하게 함을 입은 자들 즉 나 개인이 한 몸이란 것을 말씀하고 계십니다. 사실 "태초에 하나님이 천지를 창조하시니라" 는 이 말씀에서 우리는 복음을 예상할 수 있어야 합니다. 태초가 각각의 개인들을 말씀하고 있다는 것은 바꿔 말하면 하나님과 내가 한 몸이라는 것을 뜻한 다는 의미로 이해할 수 있습니다. 우리가 부활을 통해 그리스도와 한 몸이 되는 것을 이미 창세기에서 말씀하고 계십니다. 성경은 하나님께서 죄인들을 어떻게 구원하셔서 하나님 그 거룩하신 분과 한 몸으로 만드시는 과정을 하나님 관점에서 기록하고 설명하신 책입니다. 하나님의 마음으로 성경을 읽으면 이런 내용들이 이해가 되십니다. 하나님께서는 태초부터 계속해서 쉼 없이 일하고 계십니다. 왜냐하면 태초가 계속해서 일어나고 있기 때문입니다.

(히브리서 13장 8절) "예수그리스도는 어제나 오늘이나 영원토록 동일하시니라" 에서 하나님께서는 태초가 사람마다 다 다르기에 인간의 시간적 관점에서 볼 때는 영원토록 쉬지 않고 일하시는 것이 됩니다. 예수 그리스도는 바로 하나님이시기에 이렇게 표현합니다.

(요한계시록 22장 13절) "나는 알파와 오메가요 처음과 마지막이요 시작과 끝이라" 에서 하나님께서는 각 개인의 태초부터 끝까지 함께 하신 다는 점을 명확히 밝혀 주십니다. 처음과 중간 끝까지 항상 함께 하신 는 말씀입니다. 함께 하시면서 항상 일하고 계십니다. 태초를 영어로

보면 In the beginning이 되는데 여기서 in은 그 내부를 말합니다. 따라서 태초란 시작(beginning)안에 있다는 뜻인데 이 시작(beginning)안에서 하나님께서 천지를 창조하셨으니 이 창조는 시작(beginning)안에 있습니다. 달리 표현해보겠습니다. 인간의 관점에서는 시간이 흐른다고 생각되지만 하나님의 관점에서는 시간이 전혀 흐르지 않습니다. 과학자들 이 빅뱅을 말하는데 이 빅뱅은 순간적으로 일어났는데 바꿔 말하면 동시에 모든 일이 발생했다는 것이 빅뱅이론입니다. 이것은 성경적으로도 일리가 있는 과학이론입니다. 태초부터 종말까지의 모든 것들이 하나님께서 창조하실 때 동시에 일어납니다. 이 동시적인 사건을 하나님께서는 "나는 알파와 오메가요 처음과 마지막이요 시작과 끝이라"고 말씀하십니다. A라는 별에서 B라는 별까지의 이동에 인간의 개념에서는 1천년의 시간이 필요하지만 하나님께서는 A라는 별과 B라는 별을 동시에 창조하셨고 또 하나님은 영이시기에 A라는 별에서 B라는 별까지 동시에 보시고 동시에 도착을 하시기 때문에 하나님께는 시간이 존재하지 않게 됩니다. 태초에 모든 것이 동시에 발생했고 동시에 존재할 뿐입니다. 이에 따라 예수님의 십자가 사망 및 부활 사건은 지금으로부터 약 이천이십년 전이 아니고 동시에 발생하는 것이기에 여러분이 부활을 받아 들이는 그 시점에 예수님이 돌아가시고 부활하시게 됩니다. 그러기에 우리는 믿는 그 순간에 홀연히 변화되어 예수님과 함께 죽었고 함께 부활해서 현재 믿는 그 순간에 영생을 얻어 아버님의 친아들이 되어서 천국에 현재들 어가 있게 됩니다. 이런 것은 "믿음은 바라는 것들의 실상이요 보지 못하는 것들의 증거니라 "의 말씀과 믿음이란 보이지 않는 것을 믿는 것" 이 말씀에서 믿는 그 순간에 예수님과 함께 죽고 그리스도와 함께 부활하는 것임을 알 수 있고 그 순간에 그리스도님과 동시에 부활해서 하나님의 친아들이 되고 그 순간 동시에 천국으로 옮겨지는 기적 중의 기적이 믿는 그 사람에게 일어나 그 사람은 신이 됩니다. 그리스도께서 신이시니 그 분과 한 영이 된 사람도 신이 됩니다. 사람이 죽으면 심판을 받지만 신은 심판을 받지 않고 영생합니다. (요한복음10장35절) "하나님의 말씀을 받은 사람들을 신이라 하셨거든 "의 말씀이 살아 생전에 믿어져야 영생 부활 구원받게 됩니다.

[말세와 종말에 관하여]

종말론자들이 말하는 말세와 종말은 일반적으로는 전 지구적인 재앙과 종말 즉, 이 지구 세상의 끝과 종말을 말하는데 과연 그럴까요?

당장 내일 죽는 사형 선고를 받은 사형수에게 세상의 핵폭탄과 쓰나미, 초대형 지진과 화산폭발, 처처의 기근과 코로나를 능가하는 전 지구적인 전염병 등의 이야기가 그에게 의미가 있을까요? 그 사형수에게 종말은 당장 내일의 사형집행이지 전 지구적인 종말 얘기는 아닐 것입니다.

성경에서 말씀하는 종말은 각 개인의 말세와 각 개인의 종말을 말하는 것 바꿔 말하면 각 사람의 개인적인 죽음을 말하는 것이지 전 지구적인 종말을 말하는 것이 절대 아닙니다. 성경은 전 지구적인 종말에 대해서 쓴 것이 아니라 각 사람의 종말에 관해 안타까운 심정으로 기술해 놓은 영혼 구원의 책입니다. 처처에 기근과 역병과 전쟁은 지금 시대보다는 과거 시대가 훨씬 더 심했고 많았습니다. 예수님의 제자들이 "종말에는 어떤 징조가 있을까요" 라고 질문했을 때 그 답변으로 말씀하신 것은 그 당시에도 충분히 있었던 것임을 우리는 역사책등으로 알 수 있습니다. 처처에 기근과 지진은 늘 상 일어나는 일이기에 종말은 언제나 지금이라는 말씀으로 하신 것이지 어떤 전 지구적인 종말을 말씀하신 것은 아니십니다. 태초란 각 사람이 자기 자신을 인지하는 그 시점이 태초인 것처럼 말세 역시 각 사람의 자기 자신의 생명의 촛불이 꺼지는 그 시점을 말하는 것임을 다시 한 번 조용히 생각해보았으면 좋겠습니다.

우리 생명의 관심을 전 지구적인 것으로 돌리지 마시고 각 사람의 내면의 죽음의 현상으로 이해를 해야 합니다. 어느 시대나 전쟁이 있었고 처처에 기근과 지진이 있었으며 자연 재해도 있었지 꼭 지금에 와서 이런 자연 재해가 있었던 것이 아님을 역사책과 과학책이 증명하고 있습니다.

이 세상에 내가 없다면 지구도 없고 우주도 없듯이 내가 있으므로 해서 지구도 있고 우주고 있고 자연도 존재할 수 있습니다. 즉, 태초란 바로 나 자신의 탄생을 태초라고 하는 것이고 종말이란 나 자신의 죽음을 말하는 것이지 달리 지구적이고 우주적인 태초와 종말은 없는 것이지요.

태초란 지금부터 몇 십 만년, 또는 육천년 전이 아니고 내가 태어나는 그 순간이 바로 태초가 되면서 지구와 우주가 창조됩니다.

절대적인 지구와 우주가 몇 십억 년 전부터 존재한 것이 아니라 내가 태어나는 그 순간 지구와 우주가 창조되게 됩니다. 내가 없으면 지구와 우주는 동시에 사라집니다. 눈에 보이는 이 세계의 종말에 관심을 가져 성경적인 종말에 관심을 잃는다면 우리는 진짜를 놓치게 됩니다. 사람은 언젠가는 관속에 들어가서 흙으로 돌아가고 그 이후에는 유황 불 못의 지옥이 입을 열고 여러분을 받아들여 끔찍한 고통을 영원토록 선사할 것인데 이러한 고통이 얼마나 극심하면 성경은 이러한 고통을 둘째 죽음이라는 단어로 표현하고 있을 정도입니다. 고통이 극에 달하면 죽고 싶은 것이 인간의 본능이기 때문입니다. 그 정도로 지옥의 유황 불 못이 고통스럽다는 것인데 놀랍게도 지옥 가는 것을 별로 개의치 않는 것을 보면 할 말을 잃을 정도 입니다. 죽음이 어느 날 갑자기 들이 닥칠 때 그에 대한 아무런 대비도 하지 않고 그 죽음을 맞이하면 그 이후에는 심판만이 남아 있고 그 심판에서 살아 생전에 지은 머리카락 한 올 만큼의 죄도 낱낱이 밝혀져서 그에 상응하는 벌을 유황 불 못으로 받게 될 것입니다. 그 고통에 동참하지 마시기를 간곡히 부탁드립니다.

[구약에서의 죄 사함]

죄를 짓고 용서 기도를 드리면 죄가 사해진다는 내용은 성경 어디에도 없고 오히려 죄의 삯은 사망이라고(로마서 6장 23절) 성경은 기록하고 있습니다.

구약은 신약의 그림자이고 신약은 실체인데 그럼 구약에서는 죄 문제를 어떻게 처리했는지를 보면 신약에서 죄 문제를 어떻게 처리해야 하는 지를 알 수가 있게 됩니다.

레위기 4장 24절의 속죄제를 보면 다음과 같습니다.

"그는 흠 없는 수염소를 예물로 가져다가 그 수염소의 머리에 안수하고 여호와 앞 번제희생을 잡는 곳에서 잡을 지니 이는 속죄제라, 제사장은 그 속제 희생의 피를 손가락으로 찍어 번제단 뿔들에 바르고 그 피는 번제단 밑에 쏟고 그 모든 기름은 화목제 제물의 기름같이 제단위에서 불사를지니 이같이 제사장이 그 범한 죄에 대하여 그를 위하여 속죄한 즉 그가 사함을 얻으리라 "

구약시대에서 한 가지 죄를 범하면 죄를 범한 자가 레위 지파의 제사장에게 희생 제물로 양이나 수염소 또는 비둘기 등을 가지고 가서 그 머리에 안수하고 그 죄를 금강석필로 제단의 네 귀퉁이에 있는 뿔에 기록하고 희생제물인 수염소나 소 또는 비둘기를 죽여 그 피를 네 귀퉁이에 있는 뿔에 바르면 그 때서야 비로소 그 죄가 용서되었습니다. 희생 제물에 안수를 하면 그 범한 죄가 희생 제물에 이전되어 이제는 아무 흠 없는 수염소가 죄인이 되어 이제는 수염소가 사망이라는 심판을 받아야만 합니다.

이것은 한 가지 죄를 범할 때 그 죄를 용서받기 위해서는 값비싼 희생이 필요했고 그 절차 또한 매우 복잡했음을 알 수 있는데 이런 비싼 댓가와 절차는 죄의 용서가 얼마나 힘든지를 잘 보여준다고 할 수 있습니다. 한 번 생각해 보십시오. 한 가지 죄를 범하면 양이나 수염소를 죽이는데 죽일 때 양이나 수 염소가 부르짖는 그 고통스러운 비명소리와 철철 거리며 흐르는 뜨거운 붉은 피와 번제 시 그 고기 타는 냄새 등은 정말로 죄에 대한 처벌이 얼마나 극심했는지를 알 수 가 있는데 만일 양이나 수염소의 희생제물이 대신 죄를 뒤 집어 쓰지 않는다면 그 고통을 그 죄를 범한 인간이 치러야 한다는 것을 생각해 볼 때 구약에서의 죄는 매우 심각하게 다뤄졌음을 알 수 있습니다.

구약에서의 죄사함은 반드시 희생제물의 목숨을 요구했는데 이런 방식이 아니면 죄사함이 이루어지지 않았습니다. 너무나 많은 죄들을 범하기에 아예 제사장 직분을 수행하는 레위지파가 있었을 정도 입니다.
레위 지파는 이 직분을 수행해야 했기에 다른 직업을 가질 수 없었고 따라서 이들에게 십일조를 주어서 제사 직분을 수행하게 했습니다.
십일조에 대해서는 뒤에 따로 설명을 올렸습니다만 여기서 잠깐만 언급하면 십일조는 결국 죄사함과 관련있는 것이기에 그리스도 예수님의 부활과 죄사함으로 죄에 대해서는 모든 것이 해결되었기에 이제 더 이상 죄사함과 관련된 십일조는 사라졌습니다. 이 십일조를 자신의 수입의 10%라고 생각해서 철저히 계산해서 내고 계시다면 대제사장이신 예수님을 배반하고 믿지 않는 행위로 큰 잘못을 행할 뿐 만 아니라 지옥 갈 행위임을 상고하시기를 바랍니다.
철저히 깨달으셔야 할 것은 죄의 삯은 사망이라는 것과 죄에는 그에 합당한 형벌이 있어서 반드시 그 삯을 치루어야 함을 이해해야 합니다.
예수님만 형벌 받으시고 돌아가심을 믿는 것만으로는 죄 문제가 해결되지는 않고 그것이 자기 자신의 문제로 체화되어야만 구원 받을 수 있기 때문에 영생에 관해 기록되어 있는 말씀을 읽어서 깨달아야만 거듭날 수 있습니다. 예수님의 죽음과 나의 죽음이 한 죽음으로 승화되어야만 그 분의 숭고하신 죽음이 나에게 의미가 있게 됩니다.

[신약에서의 죄]

(히브리서 9장 27절)

"한 번 죽는 것은 정하신 것이요 그 이후에는 심판이 있으리니"

(로마서 6장 23절)

"죄의 삯은 사망이요" 죄의 삯은 사망이고 그 이후에는 심판이 있다는 성경에 기록된 말씀대로 죄를 범하면 용서가 있는 것이 아니고 사망이라는 심판이 있다고 성경은 말씀하고 있는데 여기서 성경은 죄를 범하고 용서 기도를 드리면 용서된다는 뜻의 내용은 기록되어 있지 않는 것을 볼 수 있습니다. 죄를 범하면 사망이라는 형벌을 받아야지 단순히 용서 기도를 드리고 그 죄에서 벗어난다면 그것은 죄가 아니고 그냥 놀이에 불과한 말장난입니다. 우리나라 형법에서 죄를 범한 후 재판관에서 용서해 주세요라고 말하면 그 죄가 용서가 되나요? 친구의 돈을 훔친 후 갚지 않고 그 죄를 용서해 달라고 하면 그 죄가 용서가 되나요? 용서란 피해자가 용서할 때 용서되는 것이지 가해자가 용서기도를 드린다고 용서 되는 것이 아닙니다. 처음 본 사람을 폭행해서 전치 20주 상해를 입히고 난 후 그 피해자에게 용서를 구하면 그게 용서가 되나요? 용서란 피해 입은 사람만이 할 수 있는 것이기에 용서는 가해자와 관계가 없는 단어입니다. 율법 및 양심의 율법을 어긴 많은 교인들이 죄를 범한 후 자기 전에 용서 기도를 드린 후 용서되었다고 스스로 믿고는 잠을 자는데 참으로 비성경적인 행동을 스스로 하고 있는 것도 알 지 못하고 있는 것을 보면 성경에 대하여 너무나 무지하다는 것을 알 수 있습니다. 회개하란 말씀은 뉘우쳐 돌이키란 말씀이지 회개를 하면 용서된다는 말씀은 전혀 아닙니다. 지금이라도 성경말씀에서 용서기도 드리면 용서된다는 말씀을 한 번 찾아보세요. 성경에는 전혀 그런 내용이 없습니다. 용서와 회개의 단어는 전혀 다른 뜻입니다. 성경말씀은 일점일획이라도 대충 해석하거나 알아서는 안 됩니다. 용서 기도드리는 것은 성령훼방 죄인데 그 이유는 예수님께서 다시 오셔서 그 죄에 대하여 피흘려주시라는 그런 기도가 되기 때문입니다. 죄에는 반드시 형벌이 뒤따르기 때문에 여러분들의 용서기도는 그에 따른 형벌 즉, 피를 요구하는 기도임을 명심하십시오.

[용서와 회개의 차이점]

용서는 forgive이고 회개는 repent인데 forgive는 죄를 용서해준다는 의미이고 repent는 후회하다의 뜻입니다. 신약성경에는 회개하다(repent)의 단어가 많이 나오는데 그 회개란 글자그대로 뉘우쳐(회) 고친다(개)는 뜻입니다. 구약은 신약의 그림자로 신약의 죄 사함의 그림자를 잘 나타내고 있는데 구약의 죄 사함처럼 신약에서도 피 흘림과 사망의 형벌이 반드시 있어야 죄 사함이 이루어집니다.

정말로 많은 교인들이 용서와 회개를 혼돈해서 알고 있고 특히 회개란 단어 자체를 전혀 이해 못하고 마구잡이로 사용해서 쓰고 있는 것을 보면 "진리를 알지니 진리가 너희를 자유케 하리라" 는 예수님의 말씀이 저절로 떠오르는 것을 느끼게 됩니다.
그럼, 우리는 왜 용서와 회개의 차이점을 반드시 알아야 할까요?
그리스도의 대속사건 이후 인류 사회에서는 용서란 단어는 하나님과의 관계에서는 사라져야 할 단어가 되었고 오로지 회개란 단어만이 남아 있어야 함에도 불구하고 신약의 시대에도 여전히 용서란 단어를 기도 중에 사용하고 있는데 이 용서란 단어를 기도 중에 사용하면 정말로 지옥가는 일을 스스로 원해서 하고 있다는 것을 심각하게 느끼셔야 합니다.
그리스도께서 모든 죄를 용서해 놓으셨는데 또 용서해 달라고 기도를 하면 어떻게 될까요? 앞에서 말했지만 용서는 반드시 사망이라는 형벌과 피 흘림이라는 저주를 받아야만 되는 심각한 상황으로서 그리스도께서 대속하신 이후 또 용서를 빌면 한마디로 그리스도께서 다시 십자가에서 못 박히시고 피를 흘려달라고 기도드리는 것과 똑 같은 일이 됩니다.
주기도문에 나오는 내용 중 "우리가 우리에게 죄 지은 죄를 용서해준 것 같이 우리 죄를 사하여 주옵시고 "에서 지은 죄를 용서해달라고 기도드렸고 그 기도에 응답하셔서 예수님께서 십자가에서 대속으로 사망하셨는데 또 용서 기도를 하면서 또 오셔서 십자가에서 대속으로 사망의 형벌을 받으시라는 기도는 참으로 멸망 받을 기도임을 꼭 인지하시기 바랍니다.

여러분이 범한 그 죄는 사망이라는 형벌을 받아야만 용서가 됩니다. 심판대에서 지옥행 심판을 받고 영원한 지옥 형벌을 받아야만 하는 것이지요. 기도 중에 용서해달라고 하는 기도는 바로 그 유명한 "성령 훼방죄"가 되는 것으로 현세상과 오는 세상에도 사함을 받지 못하는 유일한 죄가 됩니다. 지금 용서 기도를 드리는 것은 그리스도께서 모든 죄를 사하신 것을 부정하는 기도로 바로 사단의 기도와 똑같습니다. 왜 여러분들이 사단의 기도를 드리는 이유는 마귀가 여러분의 아버지이기 때문입니다. 깨어나십시오.

그럼 회개란 무엇일까요? 회개란 뉘우쳐서 고친다는 한자인데 그럼 무엇을 뉘우치고 고친다는 것일까요?
내가 죄인 중에 괴수요 사단의 아들이고 내 아비가 마귀라는 것을 고백하고 내가 지옥갈 수 밖에 없는 죄인인 것을 깨닫고 내가 철저한 죄인이라는 것을 후회하고 그리스도께 돌아가야 한다는 것을 고쳐 깨닫는 것을 회개라고 합니다. 그리스도께서는 "회개하라 천국이 가까이 왔느니라"(마태복음 3장2절)하신 것처럼 여러분들이 죄인인 것을 후회하고 고쳐서 그리스도께 귀의해야 그것이 바로 회개의 참 뜻인 것이지 이 회개를 용서라는 단어와 혼용해서 쓰면 그것은 적그리스도가 되는 것이고 지옥자식이고 성령훼방죄가 되는 것이니 진실로 충고하오니 부디 용서와 회개를 잘 이해하시기를 바랍니다.

[성경의 죄와 인간의 죄의 차이점]

성경에서의 죄를 이해하는 것이 중요한데 왜냐하면 천국 가느냐
지옥 가느냐의 기준은 성경에서 정의하는 죄를 범하냐 범하지 않느냐이기
때문입니다. 만일 인간적인 죄를 범했는데 성경에서 그것은 죄가
아니라고 한다면 그로 인해서 지옥갈 일은 없게 됩니다.

1. 성경에서 말하는 죄

반대로 인간적인 죄는 전혀 아닌데 성경에서 죄라고 정의하고 있다면
지옥가게 됩니다. 대표적인 것이 무식한 것도 죄라고 하셨는데 여기에서
벗어날 인간이 과연 몇 명 있을까요? 무식은 상대적인 것으로 대한민국
최고의 대학을 나와도 하버드 대학과 비교하면 무식한 것이 될 수 있기에
이 무식한 죄에서 벗어날 수 인간은 거의 없습니다.

(베드로 후서 3장)

"무식한 자들과 굳세지 못한 자들이 다른 성경과 같이 그것도 억지로
풀다가 스스로 멸망에 이르느니라 "

거짓말, 미련한 것, 수군수군하는 것, 분 냄등등이 성경에서 말하는
죄인데 진정으로 성경에서 말하는 죄에 관해서 말씀드리려 합니다.
과연 성경에서 죄에 대해서 무엇이라고 말하는 지 한 번 깊게 들어가
보고자 합니다.

아담이 선악과를 따먹었을 때 창세기 2장 17절에서 하나님께서는 다음과
같이 말씀하셨습니다. "선악을 알게 하는 나무의 열매는 먹지 말라 네가
먹는 날에는 반드시 죽으리라 하시니라 " 하나님의 말씀을 어긴 아담은
부끄럽고 벌받을까봐 무서워했고 자신의 생식기를 가리게 되는데 여기서
우리가 알 수 있는 것은 아담이 자신이 범죄 했다고 생각하고 믿었고
본인 자신이 죄인이라고 믿었다는 것입니다. 여기서 우리는 하나님의
말씀을 자세히 살펴볼 필요가 있는데 하나님께서는 하나님의 말씀을
어기면 아담을 죽이겠다고 하시지 않으시고 "네가 먹는 날에는 반드시
죽으리라"고 하셨는데 이 말씀은 아담이 스스로 죄인이 되어 스스로
지옥갈 것이라 는 예언의 말씀이지 심판과 저주의 말씀이 아니었습니다.
선악과를 따먹은 아담이 하나님의 말씀을 어겨서 죄가 세상에 들어온

것이 아니라 아담 스스로 죄를 창조해서 본인이 죄인이라고 믿었기 때문에 아담은 죄인이 된 것입니다. 아담 스스로 죄인이고 죄가 있다고 믿어서 죄인이 된 것이기에 이제 공의의 하나님께서는 어쩔 수 없이 아담을 벌하실 수밖에 없으셨습니다.

우리가 흔히 알기로 아담의 범죄로 죄가 어딘가에 있다가 들어온 것으로 알지만 실은 죄는 태초부터 존재하지 않았고 아담이 하나님의 형상을 닮아 창조되었기에 아담 자신이 하나님의 창조를 모방하여 자기 스스로 죄를 창조하여 죄가 세상에 들어오게 된 것입니다. 결국 죄는 태초부터 존재하지 않았는데 인간 스스로 믿음으로 창조하여 없었던 죄가 존재하게 됩니다.

(디도서3장 11절)

"이러한 사람은 네가 아는 바와 같이 부패하여서 스스로 정죄한 자로서 죄를 짓느니라 "의 말씀에서 죄에 대하여라는 스스로 정죄한 자라고 하심으로 바로 아담을 말씀하고 계십니다. 아담이면 바로 여러분 자신이 됩니다.

(시편25편 8절)

"여호와는 선하시고 정직하시니 그러므로 그의 도로 죄인들을 교훈하시리로다" 하나님은 선하시고 정직하신 분이시니 그 분께서는 악과 어둠을 찾아 볼 수가 없습니다.

(요한일서 1장 5절)

"하나님은 빛이시라 그에게는 어두움이 조금도 없으시다는 것이니라" 하나님은 빛이시란 말씀과 선하시다는 말씀은 같은 표현인데 우리가 여기서 생각해 볼 것은 그럼 선함과 죄가 과연 양립할 수 있냐는 것인데 논리적으로 빛에서 어둠이 나올 수 없듯이 선함에서 악이 나올 수가 없는 것으로 흔히 알고 있는 죄가 악이라면 하나님께서 악을 창조하셨다는 것인데 어떻게 선함에서 악이 나올 수 있습니까? 태초에 하나님께서 빛을 창조하신 후 그 빛을 빛과 어두움으로 나누셨는데 이 어두움은 빛의 또 다른 표현이라고 할 수 있습니다. 적외선 카메라의 경우 캄캄한 어둠속에서도 촬영이 가능한 것은 캄캄한 어둠속에 빛이 있기 때문이므로 결국 어두움도 빛의 다른 표현에 불과한 것이 됩니다. 이런 관점에서 악이라고 규정한 죄를 보면 이 죄는 선함의 다른 표현이 된다고 할 수 있습니다. 결국 일반적으로 악으로 규정한 죄는 태초부터 없었고 단지 인간들이 믿음으로 창조한 것에 불과한 것입니다. 하나님께서 인간 창조를 후회하시는 장면이 성경에 나오고 또 거짓말을 하게 하시는 장면도 나오고 노아 때는 근친상간도 나오는데 이런 것들은 인간 관점에서는 죄가 되지만 하나님께서는 전혀 죄가 아니었기에 그대로 실행하셨습니다. 선하신 하나님께선 창조하신 모든 것은 선한데 그것을 악하다고 보는 사람들에게는 선한 것조차도 악한 것으로 보이게 되는 것인데 이런 현상은 아담이 선악과를 따 먹은 후에 일어나게 되었습니다.

선악과를 따먹은 후 선악을 구별하게 된 것이 아니라 선을 악으로 규정하고 죄와 악을 나누고 창조하는 일을 아담이 한 것입니다.

즉, 선한 것도 악이라고 스스로 구별한 그 행위는 자발적으로 지옥에 가는 사단적인 생각을 해 냄으로써 하나님의 마음과 반대되는 행위를 했으니 이렇게 하나님과 대적하는 자들을 사단이라고 합니다.

천국은 하나님 나라이고 그곳에 들어가는 자는 거룩한 자만이 들어갈 수 있는데 거룩한 지 악한 지는 하나님 기준에 맞으면 거룩한 것이고 맞지 않으면 악한 것이 됩니다. 그런데 하나님 기준에는 모든 사람이 거룩하고 선한데 이 사실을 인간들이 믿지 못하기 때문에 즉, 스스로를 악인이고 죄인이고 거룩하지 않다라고 믿기 때문에 그 믿음을 하나님께서 인정하신 것으로 결국 스스로 죄인되어 지옥가는 것이지 하나님께서 지옥 보내시는 것은 절대 아닙니다. 죄가 없음을 믿는 믿음을 의로 여기신 것과 마찬가지로 스스로 죄인이라고 믿는 믿음을 죄로 여기실 수밖에 없으셨습니다. 지옥 가는 사람은 스스로 죄인 되어 자기 발로 지옥 가는 것이지 하나님께서 지옥 보내시는 것은 절대 아닙니다.

아담이 스스로 부끄러워 하나님을 피한 것임을 우리는 창세기에서 알 수 있습니다.

(요한복음 16장 9절)

"죄에 대하여라 함은 저희가 나를 믿지 아니함이여"

이미 하나님께서는 태초부터 어린 양이신 예수님으로 모든 죄 문제를

해결해 놓으시고 그 죄를 기억도 아니 하시는데 그렇게 죄사함 문제를
태초부터 해결해 놓으셨는데 그 사실을 믿지 아니하기 때문에 인간들이
죄로 고통받고 있는데 어떻게 보면 굉장히 미련한 행동들과 믿음으로
성경은 이러한 모습을 보고 짐승이라고 표현하고 계십니다.
물론 그리스도께서 죄를 어떻게 처리하셨는지는 나중에 설명하겠지만
이 장에서는 단지 죄가 무엇인지를 말씀드리는 장이기에 그 내용은
나중에 설명합니다.

2. 인간의 죄
일반적인 형법이나 교통법과 생활 법규나 규칙이나 조례, 도덕적인 관념,
전통적인 신념등을 위반하는 행위를 인간적인 죄라고 합니다. 성경에서는
가이사의 것은 가이사에게 주라는 말씀이 있을 정도로 인간적인 법규도
지키라고 하십니다. 그 외에 전통적인 신념등은 언급하고 있지 않습니다.
성경에서 언급하지 않는 인간 전통 규범을 어기면 죄가 될까요??
우리는 이제 성경과 관련된 죄만을 생각해야만 되는데 그러려면
성경 안으로 들어와서 모든 것을 파고 들어가야 합니다. 성경 안으로
들어와서 성경에서 말씀하고 계시는 죄에 주목하십시오.

[죄가 있다고 믿는 이유]

하나님께서 하나님의 형상을 따라 인간을 창조하셨기 때문에 인간은 하나님의 모습과 능력과 성격을 가지고 있게 되었고 그 중에서 창조의 능력을 강하게 갖고 있습니다.

속담에 도둑이 자기발 저린다는 말이 있는데 이런 속담처럼 아담도 선악과를 따먹은 후 스스로 죄가 있다고 믿으면서 죄를 창조하게 됩니다. 물론 하나님께서는 그렇게 될 줄을 다 아시고 에덴동산에 먹음직스럽게 선악과 나무로 아담을 유혹하셨고 결국은 아담이 따먹고 스스로 죄인될 것도 아셨습니다. 결론적으로 하나님께서 모든 것을 예측하시고 아담이 죄인될 것을 아시고 막지 않으셨습니다. 이런 모든 것을 계획하시고 역사하신 이유는 사랑과 은혜 때문입니다. "죄가 많은 곳에 은혜가 넘친다" 는 이 말씀이 이루어져야 하기 때문입니다. 바울의 고백처럼 내가 죄인 중에 괴수라는 고백이 이루어질 때 하나님의 은혜가 독수리의 날개처럼 크게 이 죄인을 보호할 수가 있는 것이지 자기 의가 충만한 사람은 하나님의 날개를 거부하게 되어 하나님께서 돌보실 수가 없게 되시니 하나님의 사랑으로 이 사람을 더욱 더 죄인되게 하시어 은혜의 날개 안으로 들어오게 하실려고 이 죄를 이용하셨으니 이 죄는 은혜의 또 다른 표현이 됩니다. 사랑하는 자녀에게 매를 들면 그 매로 자녀가 올바른 인재로 자라난다면 그 매가 은혜와 사랑일까요 아니면 저주일까요? 죄는 사랑의 다른 표현으로 이 죄를 인식하고 이 죄에서 벗어나기만 하면 여러분들은 하나님의 사랑으로 들어가게 됩니다.

[하나님의 종인가 아들인가?]

사도 바울은 로마서에서 자신을 하나님의 종이라고 표현했는데
바울의 고백처럼 구원받은 사람들이 과연 종인가를 생각해 볼 때
그럼 하나님께서 우리를 종으로 만드시려고 하나님의 목숨을
내려놓으셨는가를 생각 안 해볼 수가 없게 된다.
종이라고 하면 그 주인이 있는 것이고 그 주인에게 어떠한 것도 부탁을
할 수 없고 오로지 로보트처럼 그 주인의 명령을 따라야하고 평생을
주인 밑에서 부스러기를 음식으로 삼아 연명하는 것들이 떠오르는데 과연
하나님께서 종을 만드시려고 그렇게 말씀이 육신이 되어 우리 가운데
거하셨는가를 생각해볼 때 좀 아닌 것 같다는 생각이 듭니다.
기독교인들이 기복신앙에 빠져 하나님께 이것 저것을 기원하고
서원하는데 이는 하나님을 자기 행복에 이용하려는 파렴치하고 사단같은
생각과 행동에 불과하며 자신의 어려움이 해결되면 즉시로 잊어버리고
자신의 의만 드러내놓게 되는데 이처럼 하나님을 자신의 물질적, 육체적
행복에 도입하려는 기복신앙은 참으로 어이없는 몰지각한 신앙임에
틀림없습니다. 종이라면 하나님께 이런 기복신앙적인 것들을 요구할 수는
없는 것이고 만일 아들이라면 아버지의 나라를 유업으로 받을 자이므로
모든 복을 이미 다 받은 상태이기에 하나님께 특별히 복을 비는 기복적인
기도는 하지 않을 것인데 그럼 하나님께 이것저것의 복을 비는 그들은
누구인지 궁금하지 않을 수 없습니다. 기복 신앙을 갖고 있는 그들의
정체는 최소한 하나님의 종이 아니고 또한 아들도 아님을 알 수
있습니다. 그들은 하나님을 모르는 사악한 죄인들이기에 하나님의 종도
아니고 아들도 아닌 것입니다. 여기서 원하는 것은 여러분들이 최소한
하나님의 종이 되거나 아들이 되어야 한다는 것인데 깊이 깨달으면 종의
상태가 아닌 아들의 상태가 당연히 되어야만 합니다.
(창세기 12장 2절, 3절)
"내가 너로 큰 민족을 이루고 네게 복을 주어 네 이름을 창대하게
하리니 너는 복이 될지라 너를 축복하는 자에게는 내가 복을 내리고 너를
저주하는 자에게는 내가 저주하리니 땅의 모든 족속이 너로 말미암아
복을 얻을 것이라 하신지라 " 하나님께서는 구원받은 사람에게 복을

주셨다고 말씀하셨으니 구원받은 사람들은 이미 복을 가지고 있는데 이 복은 물질적, 육체적, 정신적인 모든 복을 말하고 있으므로 구원받은 사람들은 하나님께 복을 비는 행위 자체를 하면 안 되는 것인데 그 이유는 이미 모든 복을 주셨기 때문입니다. 따라서 기복신앙은 그 자체로 자신의 신앙상태를 나타내는 것으로 아직 하나님의 자녀가 아니라는 자신의 신앙 고백이 됩니다. 하나님의 아들이어서 기복신앙을 가지지 않는 자녀가 있고 아예 종이면서 기복신앙에 몰두하는 사악한 죄인들이 있거나 아니면 종도 아니고 뭣도 아니면서 기복신앙에 몰두하는 마귀의 자식들만이 있을 뿐임을 밝힙니다. 하나님의 아들이기에 하나님의 나라를 유업으로 받을 수 있지만 아들이라도 가끔은 떼를 쓰는 경우가 있습니다. 그런 일부 기복 기도는 하나님께서 들어주실 수는 있다고 보지만 이것은 어디까지나 거듭나고 부활해서 거룩한 의인이 된 하나님의 친아들들만이 할 수 있는 기도입니다. 아직 죄인이라면 먼저 회개해야 합니다. 죄인들의 기복기도를 절대로 들어주시지는 않습니다.

[성경을 읽을 때의 관점]

성경은 하나님의 말씀을 기록한 책으로 이 책에는 하나님의 생각과 마음이 담겨져 있으므로 이 책을 읽을 때는 당연히 하나님의 관점에서 읽어야 할 것은 자명한 일입니다. 시험문제를 풀 때 출제자의 의도를 파악하는 것이 대단히 중요하다고 학원선생님이나 학교 선생님들이 강조하는 것처럼 성경도 하나님의 마음으로 읽어야 합니다.

그런데 하나님의 마음으로 성경을 이해하는 것이 거의 불가능에 가까울 정도로 어렵다는 것입니다. 왜냐하면 하나님의 마음은 구원받아야 하나님의 마음이 생기기 때문이다. 죄인인 상태에서는 성경을 읽어도 하나님의 마음을 이해할 수가 없으니 그런 이유로 아무리 성경을 읽어도 깨달음이 없게 되는 것인데 결국은 성경을 해석해주는 일종의 선지자들이 필요한 것이고 이 선지자들이란 성령님이 임재하고 계신 구원받고 거룩함을 입은 분들이 시지요. 이 분들이 성경을 해석해주고 하나님의 마음을 통역을 해주시는데 이것이 그 유명한 방언입니다. 방언이란 지방의 언어란 뜻으로 흔히 오해하기를 외국말이거나 천사의 말이라고 해서 알아듣지 못하는 중얼중얼 거리는 웅애웅애하는 소리로 알고 있는데 방언은 그런 것이 아니고 하나님의 복음을 전달해주는 구원받은 사람들의 선교말씀을 말하는 것이고 여기서 방언은 결국 이 땅에 속한 나라가 아닌 천국의 말인 것으로 방언이란 결국 천국의 말씀을 말합니다. 성령이 임재하실 때만 방언이 나온다는 말씀은 진실로 거듭나고 부활하여 하나님의 친아들이 되신 분들에게만 성령님께서 임재하고 계시기에 그 분들만이 천국 복음의 방언을 말씀하실 수가 있다는 것입니다. 즉, 방언이란 부활 천국복음을 말합니다. 천국이 이 세상과 전혀 다른 나라이기에 부활 천국복음을 방언이라고 말씀하셨습니다.

(요한복음 11장 11절)

"이 말씀을 하신 후에 또 가라사대 우리 친구 나사로가 잠들었도다 그러나 내가 깨우러 가노라 제자들이 가로되 주여 잠들었으면 낫겠나이다 하더라 예수는 그의 죽음을 가리켜 말씀하신 것이나 저희는 잠들어 쉬는 것을 가리켜 말씀하심인 줄 생각하는지라 "의 말씀에서 나사로가 잠들었다고 말씀하시고 제자들은 죽었다고 생각하는 것으로 예수님과 제자들의 관점이 전혀 다른 것임을 알 수 있습니다. 나사로의 예시에서 인간의 관점과 하나님의 관점이 정 반대인 것을 알 수 있는데 우리는 이제 하나님의 관점에서 보아야 할 것입니다.
(요한복음 11장 23절~25절)

"예수께서 가라사대 오라비가 다시 살리라 마르다가 가로되 마지막 날 부활에는 다시 살줄을 내가 아나이다 예수께서 가라사대 나는 부활이요 생명이니 나를 믿는 자는 죽어도 살겠고 무릇 살아서 나를 믿는 자는 영원히 죽지 아니하리니 이것을 네가 믿느냐 가로되 주여 그러하외다 주는 그리스도시요 세상에 오시는 하나님의 아들이신줄 내가 믿나이다 "
마르다의 오라비가 실제로 죽어야지만 다시 살 수 있다고 말씀하십니다. 부활이란 실제로 죽었다가 살아나는 것이 부활이기에 실제로 죽기 전에는 부활이 일어나지 않습니다. 예수님께서 말씀하시기를 나는 부활이요 생명이라고 하셨고 살아서 나를(부활) 믿는 자는 영원히 죽지 아니할 것이라고 하신 것을 볼 때 우리는 살아생전에 부활에 동참해야만 하는 것이지 죽은 다음에의 부활을 영생의 부활로 오해하시면 마지막 부활때에 심판대에 서시게 되실 것입니다. "사람이 한 번 죽는 것은 정하신 것이요 그 후에는 심판이 있으리니 "의 말씀처럼 이런 심판의 부활로 부활하면 반드시 심판받게 되어있습니다. 살아생전에 예수님과 같이 죽고 같이 부활하면 당연히 심판의 부활로 나아가지 않습니다. 왜냐하면 이미 영생의 부활로 부활했기 때문이고 이 부활은 내가 부활한 것이 아니고 하나님께서 다시 살려주신 부활이기에 그런 부활은 심판의 부활로 가는 것이 아니고 영생하는 부활이라고 성경은 정확히 말씀하고 계십니다. 하나님의 관점 즉 그 말씀에만 의지할 때 우리는 살아생전에 부활할 수 있고 심판의 부활에 아예 나가지 않게 됩니다.

[영생의 부활과 심판의 부활]

(히브리서 9장 27절)

"한 번 죽는 것은 사람에게 정하신 것이요 그 후에는 심판이 있으리니 "
죄가 장성한 즉 사망을 낳는다는 말씀은 사망이란 곧 죄인의 심판을
뜻한다는 것이지 심판대에서 의인과 죄인으로 나뉜다는 뜻이 아닙니다.
부활은 심판부활과 영생부활로 나뉘는데 영생부활은 살아생전에 믿음으로
변화되어 천국으로 옮겨지는 것이고 심판 부활은 죄인임을 확인시켜주어
지옥형벌을 거부하지 못할 증거로 삼기 위함입니다.
인간 세상에서 재판장 앞에 서는 것은 일반인들은 상상조차 하기 싫은
일인데 그 이유는 검찰이 일반인을 기소했다는 것은 무언가 죄가 있기
때문에 기소하는 것이기에 심판대 앞에 선다는 것은 죄가 조금이라도
있기 때문에 검찰이 기소하는 셈입니다.
우리가 죽어서 심판대에 나아간다는 것은 죄가 있기 때문이며 그 죄의
경중을 따지기 위해서 인데 이런 심판대 자체에 가면 안 됩니다.
성경대로 사람이 죽으면 심판을 받게 되어 있으니 이 말씀은 사람인
상태로 죽으면 심판을 받는 다는 것이므로 우리는 사람 상태에서
벗어나야 한다는 것을 잊어서는 안 되며 살아생전에 사람 상태에서
벗어나야지만 심판대 앞에 서지 않게 됩니다. 사람인 상태로 죽어서
심판대에 서는 이런 부활은 멸망의 부활 즉, 지옥의 부활로 영영히
꺼지지 않는 불 못으로 들어가는 고통의 부활이 되는 것이기에 이런
심판의 부활로 나아가면 정말로 망하게 됩니다.
우리의 소망은 영생의 부활이지 심판의 부활은 확실히 아니기에 심판의
부활로 나아가지 않고 영생의 부활을 선물로 받아야만 여러분들이 진정한
영생을 할 수 있습니다. (요한복음 11장 25절, 26절)
"예수께서 가라사대 나는 부활이요 생명이니 나를 믿는 자는 죽어도
살겠고 무릇 살아서 나를 믿는 자는 영원히 죽지 아니하리니 "
예수님을 믿는 다는 것은 부활과 생명을 믿는 다는 것인데 예수님을 믿는
사람들은 죽어도 죽지 않으니 영생이며 부활한다는 말씀이고 살아서 믿는
사람들 역시 죽어도 죽지 않고 영생한다는 말씀으로 같은 말씀을
반복해서 다른 표현으로 하셨음을 알 수 있습니다.

[영생과 환생?]

흔히 알고 있는 영생이란 금과 은과 보석으로 꾸며져 있는 으리으리한 궁궐 같은 집에서 천사들의 시중을 받으면서 호화스럽게 사는 것으로 알고 있는데 과연 그런 사치스런 집에서 사는 것이 행복할까요? 성경에서의 영생이란 우리가 죽어서 그런 궁궐 같은 곳에서 질병 없이 사는 것을 의미하는 것이 아니고 상태의 변화를 통한 생각의 천국을 말하는데 이것을 바꿔 말하면 우리가 죽었을 때 살아생전의 모든 기억을 가지고 다음 세상에 태어나는 것을 말하고 다음 세상에서 육체적 죽음을 경험해도 그 다음 세상에 역시 그 세상의 기억을 가지고 태어나는 것을 말합니다. 이러한 영생이 성경에서 말하는 영생으로 현 세상의 기억이 영원히 지속되는 것을 말합니다.

부활하지 못한 사람들이 죽을 때 죽음의 극한 고통으로 현 생에서의 모든 기억이 사라지면서 심판의 부활로 나아와 영원한 불 못으로 던져져서 극한 형벌을 받지만 부활하신 분들은 죽을 때 기쁨으로 죽음을 맞이하면서 생애의 모든 기억을 안고 다음 세상으로 부활하시게 됩니다. 이것을 영생이라고 하며 다른 말로 환생이라고도 합니다. 부활하지 못한 분들은 다음 세상이 불 못인 지옥이 되는 것이고 부활하신 분들은 다음 세상이 천국이면서 동시에 또 다른 세상이 될 수 있습니다. 성경말씀은 오는 세상에 다음 세상에서도 용서받지 못한다는 말씀에서 환생을 말씀하고 계심을 알 수 있습니다. 환생에 대하여 성경은 여러 번에 걸쳐서 기록하고 있지만 사실 환생이란 개념이 중요하지 않기 때문에 강조를 안 하실 뿐이십니다.

[성모 마리아는 죄가 없었을까?]

죄 없으신 예수님께서 과연 죄 없는 마리아에게서 태어나셨을까?
일단 논리적으로도 성령님께서 죄 없는 마리아에게 임하시는 것이
타당한 말씀인데 성령님께서 죄 있는 마리아에게 임하셨다면 두고두고
불신자들의 지적사항이 될 수 있습니다.

생각해봅니다. 죄 없으신 예수님께서는 죄 없는 마리아에게서 태어나시는
것이 옳습니다. 그렇다면 인간인 마리아가 과연 범죄한 적 없고 흔히
말하는 원죄도 없었을까요? 아니면 그냥 생각하기 귀찮으니까 마리아만
특별히 죄 없는 것으로 생각하자고 종교적 합의를 하는 것일까요?

(로마서 3장 23절)

"모든 사람이 죄를 범하였으매 하나님의 영광에 이르지 못하더니 "
성경 말씀대로 마리아가 사람이라면 그 분도 죄를 범하셨을 것이고
그렇다면 하나님의 영광에 이르지 못하셨는데 그 분께 어떻게
하나님의 영광이신 성령님께서 임하실 수가 있는 것인가요?

(갈라디아서 3장 22절)

"그러나 성경이 모든 것을 죄 아래 가두었으니 이는 예수그리스도를
믿음으로 말미암는 약속을 믿는 자들에게 주려 함이라 "
마리아도 모든 것에 포함되므로 마리아 역시 죄 아래 있는 죄인입니다.
그렇다면 어떻게 예수님께서 죄인의 몸에 잉태되실 수가 있는 것인가요?
말이 안 됩니다. 이 문제는 전 세계 거의 모든 기독교인들에게 도전이
되는 말씀으로 이 문제를 해결한 학자나 신자가 아직까지는 전무한
상태입니다. 이 책에서 이 문제를 해결하고 그 해법과 올바른 복음에
관하여 진술하므로 이 책을 계속 읽어나가시기를 권합니다.

결론적으로 성모 마리아는 우리와 똑같은 죄인이라는 것이고 이 죄인의
몸에서 예수님은 태어나실 수가 없다는 것입니다. 하지만 이미 예수님은
태어나셨고 또 인류를 사랑하시어 구속 역사를 다 이루셨음을 볼 때에
우리는 다른 방식으로 이 문제를 해결해야 합니다.

쉽게 생각하면 그냥 마리아가 죄가 없으니까 죄 없으신 예수님께서
마리아를 통해서 우리 가운데 거하신다고 생각하면 간단히 이 문제가
해결됩니다. 근데 이것이 그렇게 쉽지만은 아닌 것이 그럼 마리아만

예외적으로 특별히 죄가 없는 것이냐하는 논란이 생기게 됩니다. 성경과 맞지가 않게 되니 참으로 난감한 문제가 됩니다. 만약 성경적으로 마리아가 죄가 없다는 것을 증명하면 아무런 문제가 없게 됩니다.

예수님께서는 천국은 어린아이의 것이라고 말씀하셨는데 그럼 어린아이의 특징에 대해서 한 번 생각해보면 어린 아이들은 죄 의식이 전혀 없는 순진무구한 아이들인데 이들이 얼마나 죄의식이 없냐하면 자기 형제를 칼로 찔러도 깔깔대면서 웃을 정도로 죄의식이 없고 엄마 등에 업혀서 마트에서 과자를 손에 쥐고 계산 없이 그냥 나가는 아이들임을 볼 때 이 아이들에게서는 죄의식을 조금도 찾아볼 수가 없다는 것인데 이렇듯이 죄의식이 없는 상태의 사람들을 어린 아이로 비유하셨음을 알 수 있습니다, 성경에서의 어린아이란 유치원 애들을 지칭하시는 것이 아니고 유아상태의 어린이를 말합니다. 엄마 젖과 이유식 정도의 유아들을 성경은 어린아이라고 기록하고 있습니다. 어린아이의 특징은 그 마음이 순진무구하고 죄의식이 전혀 없는 그런 마음을 갖고 있는 상태인데 만일 마리아께서 어린아이들처럼 그 마음이 순진무구하고 죄의식이 전혀 없는 그런 순진하신 분이시라면 그 분은 죄인이 아니십니다. 그 분께는 죄가 없습니다. 그래서 예수님께서 마리아를 통해서 우리에게 오실 수가 있으셨습니다.

결국 마리아는 죄의식이 없는 상태였기에 예수님께서 이 여자 분을 통해 이 세상에 오신 것이라는 결론이 됩니다.

그럼 마리아가 이렇게 죄가 없는 것이냐는 최종 결론에 도달하게 되는데 이런 결론에서 우리는 죄란 무엇인가에 대한 근본적인 질문을 하게 됩니다. 어떤 행위를 하고 그 행위가 죄인지 아닌지 깨닫지 못하고 아무 생각이 없다면 즉, 선악을 판별하지 않는다면 근본적으로 그것은 죄가 아닙니다. 바로 선악과를 따먹기 전의 아담상태입니다. 이런 면을 마리아에서 보면 됩니다. 그런데 다 큰 어른이 마리아처럼 죄의식이 없는 순수한 마음 상태가 된다면 그 사람은 아예 죄가 없는 사람입니다만 그런 인간을 인류역사에서 거의 몇 명이나 찾아 볼 수 있을까요? 부활하면 순수한 상태가 됩니다.

[예수님과 그리스도의 차이]

예수님은 그 신분이 사람의 아들이셨고 그 분께서 하나님이 아버님인 것을 깨달은 것은 12살에 회당에서였는데 바꿔 말하면 11살까지는 하나님이 아버님이신 것을 모르셨다는 의미가 됩니다. 하나님께서 인간의 육신으로 오셨지만 철저히 사람의 아들로 오셨기에 그분이 그 분 자신임을 말씀으로 깨닫기 까지는 12년의 세월이 흐른 후였고 그 분의 신분이 인간이셨기에 그 분은 세례 요한에게 안수 받아 죄인이 될 수 있었던 것인데 오로지 인간의 신분이시기에 죄인이 되실 수 있으셨습니다. 구약에서는 죄를 범한 후 속죄제를 지낼 때 제사장이 흠 없는 어린 양의 머리에 기름을 부은 후 그 양을 잡아 피를 내서 속죄제를 행했습니다. 기름을 부은 것은 곧 그 양을 죽일 것이라는 것을 의미했으며 기름을 부은 이유는 벌레나 세균의 침입을 막기 위한 것이었으니 이렇게 하는 이유는 흠 없는 어린 양의 상태를 유지하려고 했기 때문입니다. 세례 요한에게 안수 받으셔서 죄인이 되셨으니 이는 예수님께서 세상 죄를 떠맡으신 대속 제물이 되셨다는 것을 의미하므로 예수님과 그리스도님은 그 신분이 다르게 되십니다. 예수님은 죄가 없으신 분이시지만 세례 요한의 안수로 죄인이 되셨고 이젠 그 죄인의 신분으로 멸망의 가증한 것이 되셨으니 참으로 우리의 죄 때문이십니다. 멸망의 가증한 것 즉 예수님께서 십자가상에서 사망의 형벌을 우리 대신 받으셨습니다. 예수님이 세례요한의 안수로 죄인이 되시어 멸망의 가증한 것이 되셨고 이제 십자가상에 달리신 후 사망의 형벌을 우리 대신 받으신 후 이제 지옥에 가는 신분이 되시어 지옥에 가시었습니다. 죄에는 사망이라는 형벌이 반드시 수반되어야 하기에 그 분께서는 지옥에 가시어 인간의 날짜로 사흘 동안 잔인하면서도 참혹한 형벌을 받으셨고 삼일 만에 하나님께서 죽은 자들 가운데서 그리스도로 일으키셨으니 이제 멸망의 가증한 신분이셨던 예수님께서 거룩한 신분이신 그리스도로 부활하셨습니다. 그 분은 그 분의 죄로 멸망의 가증한 신분이 되신 것이 아니라 저와 여러분의 죄로 말미암아 그렇게 되셨스니다. 하나님의 날짜로는 하루가 천년 같고 천년이 하루 같으며 알파와 오메가 이시기에 삼일의 형벌은 인간으로 치면 영원한 형벌을 대신 받으신

날짜가 됩니다. 죄인이신 예수님과 부활하신 그리스도는 이제 전혀
다른 신분입니다. (마태복음 22장41절) "너희는 그리스도에 대하여
어떻게 생각하느냐 뉘 자손이냐 대답하되 다윗의 자손이니이다
가라사대 그러면 다윗이 성령에 감동하여 어찌 그리스도를 주라 칭하여
말하되 주께서 내 주께 이르시되 내가 네 원수를 네 발 아래 둘 때까지
내 우편에 앉았으라 하셨도다 하였느냐 다윗이 그리스도를 주라
칭하였은즉 어찌 그의 자손이 되겠느냐 하시니 "에서 예수님은 다윗의
자손이지만 부활하신 그리스도는 다윗과는 전혀 관계가 없다는 것임을
명백히 밝히고 계십니다. 다윗은 인간이지만 그리스도는 신이시기
때문이며 어찌 그리스도께서 인간의 자손이시겠습니까?
(로마서1장 3절~4절) "이 아들로 말하면 육신으로는 다윗의 혈통에서
나셨고 성결의 영으로는 죽은 가운데서 부활하여 능력으로 하나님의
아들로 인정되셨으니 곧 우리 주 그리스도시니라 "
예수님은 육신으로 다윗의 혈통이나 부활의 혈통으로는 하나님의
아들이심을 성경은 분명히 말씀하고 계십니다.
히브리서 4장 15절에서 대제사장이신 그리스도는 시험을 받은 자로되
죄는 없으시니라는 말씀은 죄인 되신 예수께서 그리스도로 부활하신 후
대제사장이 되신 것임을 말씀하고 계십니다. 이제 부활하신
그리스도께서는 대제세장이시지 더 이상 죄인인 예수님은 아니십니다.
거듭나려면은 빵과 포도주로 거듭나야 하는데 여기서 빵은 죄인이신
예수님을 나타내고 포도주는 부활하신 그리스도를 나타내므로
이 말씀은 결국 예수님에게 죄를 넘기고 그리스도와 부활해야 그것이
비로소 구원이라는 뜻으로 반드시 부활까지 해야 영생할 수 있음을
알 수 있습니다. 예수께서는 죄인이셨고 그리스도는 부활하셔서
영생하십니다. 그리스도께서 대제사장이시기 때문에 전 인류가 살 수 가
있는 것이었고 하나님께서 보실 때 이제는 예수님을 벌하심으로 전
인류를 벌하시는 것이었고 그리스도님을 죽은 자들 가운데서 살리심으로
그 안에서 전체 인류를 살리신 것이 되십니다.

[예수 그리스도의 죽음과 나의 죽음]

예수그리스도께서 십자가에서 돌아가신 사건과 나와는 무슨 관계가
있을까 요? 만약 단순히 예수그리스도께서 홀로 돌아가신 거라면 그
죽음은 나와는 아무런 관계가 없는 것이 됩니다.
구약에서 죄 사함 받으려면 어린 양이나 소에게 안수하는데 이 때 어린
양이나 소에게 안수하면서 내 지은 죄가 넘어간다는 믿음 없이 한다면
아무런 의미 없는 행동을 한 것에 불과한 것이 되지만 믿음 있게 한다면
내 죄가 어린 양이나 소에게 넘어가게 됩니다.

세례 요한이 예수님에게 안수할 때 내 죄가 넘어갔고 이제 그 죄에 대한
심판으로 사망을 내가 받아야 하는데 예수님이 대신 받게 되시면
이 때 내가 예수님과 한 몸이 되어 예수님과 함께 십자가에서
사망의 형벌을 받아야만 예수님께서 그리스도로 부활하실 때 그 때
그 분과 함께 내가 부활하여 천국갈 수 있음을 깨달아야 합니다.

예수그리스도님께서 "내가 너희 안에 내가 너희 안에 거하면"이라는
말씀을 하셨는데 이렇듯이 우리가 예수님 안에 거해서 예수그리스도님과
함께 십자가에서 장사되어야만 우리 죄에 대한 심판을 우리가 받게 되는
것이기에 예수그리스도님의 십자가 형벌은 우리의 십자가 형벌인 것을
믿어야 하는 것입니다. 이것이 믿음의 진수입니다.
(히브리서 11장 1절)
"믿음은 바라는 것은 실상이요 보지 못하는 것들의 증거니"에서 이런
보지 않고 믿는 믿음, 표적과 기사를 보지 않고 믿는 이 믿음이 바로
실상 즉, 실체임을 성경은 밝히 나타내고 계십니다.
예수그리스도님과 함께 십자가에서 사망의 형벌을 받았다고 믿으면 그
믿음은 실제로 예수그리스도님과 함께 십자가에서 죽은 것으로 이 믿음은
성경에서 말씀하시는 "말씀이 육신이 되어 우리 가운데 거하시고"의
기적이 우리 몸에 체화되는 놀라운 기적이 이루어지는 것으로 자연스럽게
할렐루야가 나오게 됩니다.
(로마서 6장6절)

"우리 옛 사람이 예수와 함께 십자가에 못 박힌 것은 죄의 몸이 멸하여 다시는 우리가 죄에게 종노릇하지 "의 말씀처럼 부활하기 전의 죄인인 우리가 예수님과 함께 십자가에 못 박혔다는 그 믿음으로 우리가 예수님과 함께 십자가에 못 박힌 것이 되는데 이것을 실체로 믿어야 하는데 아마 잘 믿을 수가 없을 텐데 그렇다고 억지로 믿으면 그것은 또 하나의 행위가 되는데 이 믿음에 관하여는 다른 부분에서 설명해 놓았으니 참고하시면 되는데 여기서는 성경에서 말씀하는 믿음이란 바로 하나님이 우리를 믿어주시는 참 믿음으로 바로 선물과 은혜를 말합니다. 예수님께서는 우리 자신의 십자가를 우리 자신이 지지 않으면 예수님을 따라올 수 없다고 하신 것처럼 우리도 우리 자신의 십자가를 반드시 믿음으로 지고 예수님과 함께 골고다 언덕까지 가서 거기서 예수님과 함께 못 박혀 죽음의 심판을 반드시 받아야만 그래야만 진정한 부활을 할 수 있게 되기에 예수님과 함께 못 박혔다는 그런 기적의 믿음을 우리가 가져야만 합니다. 이 믿음은 은혜입니다. 선물로 받아야 합니다. 믿음으로 우리 자신의 십자가를 지어야 하고 믿음으로 예수님과 함께 십자가에 못 박혀 죽는 경험을 할 때 그때 비로소 예수님과 함께 부활에 동참할 수 있게 됩니다.

(히브리서 11장 1절)
"믿음은 바라는 것들의 실상이요 보지 못하는 것들의 증거"라는 말씀에서 믿음은 보고 만지지 못한다 하더라도 믿음만으로 보고 만지는 기적이 일어남을 우리는 체험해야만 합니다.

이런 믿음으로 예수님께서 십자가를 지실 때 우리도 같이 십자가를 지는 것이고 예수님께서 십자가에서 사망의 형벌을 받으실 때 우리도 믿음으로 실제적으로 사망의 형벌을 그 분과 동시에 함께 받게 됩니다.

하나님께서는 이런 믿음을 의로 여기신다고 하셨습니다.

믿음으로 죄인되는 것과 마찬가지로 믿음으로 예수님과 함께 십자가에서 못 박혀 죽는 실상(실체)으로의 믿음이 여러분들 마음에 선물로 임하기를 진정으로 축원드립니다.

[하나님의 시간과 인간의 시간]

외모로 그 사람을 평가하면 안 된다고 하셨는데 왜 그런지 생각해볼까요?
어떤 사람을 처음 평가할 때 우리는 우리가 가진 경험과 학식,
지식등으로 처음 본 사람을 평가하게 되는데 만일 그 사람이 우리의
경험과 학식을 한참 뛰어 넘는 사람이라면 그 사람을 평가할 수
있을까요?

달리 말하면 초등학교 1학년 학생들이 교수님을 보고 평가할 수
있을까요? 진정한 평가는 평가 받는 사람보다 뛰어난 사람이 할 수
있는 것이지 그 반대의 상황은 정확한 평가는 아닙니다.

하나님을 인식할 때 인간은 자신의 범위 내에서만 하나님을 평가하고
인식하게 됩니다. 인간은 태어나고 성장하고 죽는 일련의 과정을
시간이라는 개념으로 인식하고 있기에 하나님을 인식할 때에도 그런
개념으로 하나님을 인식하려고 합니다. 여러분들이 하나님을 인식할 수
있는 그런 경험과 학식이 있으신가요?

예수님께서 십자가에서 돌아가신 일이 언제입니까? 라고 물어보면
거의 대부분 사람들은 약 이천년 전이라고 합니다. 그래서 그런지
예수 그리스도의 죽음과 자신의 죽음에는 괴리감이 느껴지고 그 죽음이
가슴에 와 닿지 않는다는 것이 거의 모든 사람들의 느낌과 의견입니다.

하나님께서는 하나님의 시간 개념에 대해서 성경에 정확히 말씀하고
계신데 하나님에게는 하루가 천년 같고 천년이 하루 같다고 말씀하셨고
나는 알파와 오메가요 처음과 나중이라고 말씀하셨습니다.
(히브리서13장 8절)
"예수 그리스도는 어제나 오늘이나 영원토록 동일하시느니라" 란
말씀에서 어제나 오늘이나 동일하시다는 말씀은 어제도 계시고 현재도
계시다는 말씀으로 인간의 시간 개념으로는 받아들이기 어려운
말씀임에도 성경은 예수님은 어제도 계시고 현재인 오늘도 계시다고

분명히 말씀하고 계십니다. 어제도 계시고 오늘도 계시고 미래에도 계신다는 말씀은 바꿔 말하면 예수님은 과거, 현재, 미래의 모든 시간대에 동시에 존재하신다는 말씀으로 이런 신비로운 예수님에 대하여 우리는 과연 예수님이 약 이천년 전에 돌아가셨는지를 생각해 볼 필요가 있습니다. 결론적으로는 예수님은 각 사람에 대하여 그 사람이 진정한 믿음으로 거듭날 때 그 때 십자가 상에서 돌아가시는 것이기 때문에 믿음으로 믿음에 이르는 즉, 죄인에서 의인으로 변화되는 그 시점에 예수님께서 십자가에서 돌아가시는 것이지 약 이천 년 전에 돌아가시는 것은 아닙니다. 죄인에서 의인으로 홀연히 변화되는 그 시점에 우리 각 사람의 죄 때문에 돌아가시는 것이기에 어떤 사람에게는 예수 그리스도께서 5일 전에 돌아가실 수 있고 어떤 사람에게는 1년 전이 될 수도 있고 어떤 사람에게는 오늘 이 책을 읽고 마음에 감동받아 거듭나는 오늘이 될 수 있는 것이기에 예수 그리스도께서 약 이천년 전에 돌아가셨다는 말은 성립되지 않고 각 사람의 신앙 상태에 따라 십자가에서 돌아가시는 때는 다 다르다는 것을 말씀드립니다.

이런 말씀은 태초에 천지를 창조하실 때 이 천지의 천에 해당하는 영어 단어는 "천국들"로 복수인 것을 생각해볼 필요가 있는 것이 태초란 지금으로부터 약 육천년 전의 물리적 시간을 나타내는 것이 아니고 각 사람마다 태초가 다르기에 이 십자가 사건의 시간도 각 사람에게 다 다르다는 말씀임을 알 수 있습니다.

우리는 겸손히 하나님 말씀에 무릎 꿇어야 하는 것이지 그 말씀 앞에 확률에 불과한 과학 지식을 앞에 꺼내 놓아서는 도무지 하나님 말씀을 이해할 수가 없음을 인정해야만 합니다.

[성령님의 임재하심과 능력]

성령님께서 각 사람에게 임재하시는 것과 그 능력이 임하시는 것은 전혀 별개의 문제인데 오순절 다락방에서의 많은 기적과 이사는 성령님의 능력이 임하신 것이고 마리아에게 성령님께서 임재하시어 아기 예수께서 탄생하신 것은 성령님께서 마리아에게 임재하셨기 때문입니다.

마리아에게 성령님께서 임재 하셨을 때 마리아는 감화 감동을 입었지 어떤 특별히 기적과 이사를 행하지는 않으셨고 오순절 날 다락방에서의 기적과 이사는 성령님의 능력이 임하신 것이지 성령님께서 임재하신 것은 아니십니다. 현대 시대에 와서 어떤 사람이 병을 고치고 기적을 행한다고 해서 그 사람에게 성령님이 임하셨다고는 할 수가 없으며 굳이 말한다면 성령님의 능력이 임하셨다고는 할 수 가 있습니다. 성령님이 임하셨다고 하는 것은 그 사람에게 죄가 없다는 것이고 성령님의 능력이 임하셨다는 것은 그 사람의 죄의 유무에 관계없이 하나님께서 복음을 위하여 그 사람을 복음의 도구로 사용하셨다는 의미임을 알 수가 있습니다. 사단도 하나님의 도구로 사용하셨음을 성경에서 충분히 기록하고 있습니다.

(사도행전 2장 2절~4절)

"홀연히 하늘로부터 급하고 강한 바람 같은 소리가 있어 그들이 앉은 온 집에 가득하며 마치 불의 혀처럼 갈라지는 것들이 그들에게 보여 각 사람 위에 하나씩 임하여 있더니 그들이 다 성령의 충만함을 받고 성령이 말하게 하심을 따라 다른 언어들로 말하기를 시작하니라 "

성령님의 임재하심은 바람이 어디서 불어서 어디로 가는지 알지 못하듯이 임재하신다고 하셨습니다.

(요한복음 3장 8절)

"바람이 임의로 불매 네가 그 소리는 들어도 어디서 와서 어디로 가 는 지 알 지 못하니 성령으로 난 사람도 다 그러하니라 "에서 성령으로 거듭난 사람들은 자신은 물론 다른 사람도 알지 못하는 부지부식간에 거듭나게 된다는 것과 그와 동시에 성령님이 임재하신다는 것을 나타내고 있습니다. 하나님은 말씀이시고 또한 성령님이시기에 성령님은 말씀이신데 말씀이 받아들여지고 깨달아지는 것은 어느 날 부지부식간에 자연스럽게 바람이 불듯이 일어난다는 말씀으로 성령님의 임재하심을 비유적으로 표현하시는 바 성령님의 임재하심은 바람처럼 사람이 알 수 없이 자연스럽게 일어난다는 것을 알 수 있습니다. 이에 반하여 성령님의 능력은 다소 누구나 알 수 있게 임하심을 알 수 있는데 이는 어찌 보면 당연한 일인데 이렇게 누구나 알 수 있게 능력이 임하여 다른 사람이 볼 때 경외심을 느끼게 하고 그로 인하여 복음이 잘 전달될 수 있도록 하는 하나의 방법임을 알 수 있습니다.

성령님의 능력이 임하는 사람과 성령님이 임재하시는 사람 어떤 사람이 되어야 할까요? 성경의 삼손을 보면 그에게는 능력이 임하였기에 그의 능력이 머리카락이라는 비유로 빠져나가는 것을 알 수 있듯이 성령님의 능력은 언제든지 사라질 수 있지만 한 번 성령께서 임재하신 사람은 성령님에게 사로잡히어 평생 영원토록 그 분과 한 영이 되기에 어떤 일이 일어도 성령님께서는 거듭난 사람에게 나가시는 일은 천지가 사라져도 발생되지 않음을 이해하셔야 합니다. 아버지가 친아들을 포기하는 일이 발생하는 일을 보신 적 있으신가요? 친아들이란 거듭난 부활한 그리스도인을 말합니다.

[이 세상은 꿈인가 실재인가?]

하나님께서 빛을 창조하신 후 이 빛을 빛과 어두움으로 나누셨는데 이 빛과 어두움으로 이 세상을 창조하셨습니다. 현재의 컴퓨터 체계는 1과 0으로 구성되어 있는데 1이 전기가 들어 있는 상태 즉, 빛이고 0은 전기가 나간 상태 즉, 어두움이 됩니다. 이 빛과 어두움의 무수한 조합으로 이 세상이 창조되었는데 이 빛과 어두움은 숫자의 조합에 불과하므로 참으로 허황된 세계이요 가상 세계가 됩니다. 컴퓨터 화면은 전기를 끄면 바로 사라지는 가상세계입니다. 이런 1과0으로 되어 있는 가상세계가 현재 우리가 인식하는 세계입니다. 하나님께서는 이 가상세계를 창조하신 후 이 가상세계를 사단에게 내어주셨습니다. 사단이 예수님을 시험할 때 자기에게 경배하면 이 세상을 예수님에게 주겠다고 한 것을 보면 알 수가 있습니다. 이 세상이 가상세계이고 가짜 세계이기 때문에 하나님께서 사단에게 내어주신 것이지요. 그럼 가상세계를 실제적으로 경험을 해보면 이해가 좀 더 쉽게 될 수 있는데 욕실에 있는 거울을 자세히 보시면 그 속은 현실 세계와 100%똑같은 것을 보실 수가 있는데 그렇다면 현실세계와 완전히 똑같다고 하더라고 거울 속의 세계는 완전한 가짜 세상이라는 것을 아실 수가 있으실 것입니다. 컴퓨터 게임 중에 역할분담 게임(RPG)이 있는데 이 게임에 열중하다보면 현실과 게임을 구분하기 어려울 정도가 되며 요즘 나오는 가상현실 안경을 착용 후 가상 현실 세계 프로그램에 들어가면 도무지 현실과 가상 세계를 구분하는 것이 매우 어렵다는 것을 알 수 있습니다. 이 세상이 가짜 세상이라고 하나님께서는 말씀하고 계시는데 가상세계를 꿈의 세계라고도 할 수 있으므로 하나님께서는 깨어나라고 하실 뿐만 아니라 이 가상세계에 사는 사람들이 자고 있다 또는 죽어 있다라고 말씀 하시는 것을 보면 이 세상이 꿈의 세계요 가상세계임을 알 수가 있습니다. 꿈을 너무나 사실적으로 꾸면 꿈꾸는 동안은 꿈인지 현실인지 전혀 구분을 할 수가 없게 됩니다. 인생은 나그네 길이요 덧없는 인생이라는 이 말에 수많은 사람들이 공감하는 것을 볼 때 사람들은 그 마음에 이미 이 세상이 덧없는 가짜 세상임을 본능적으로 알고 있음에 틀림없습니다. 예수님께서는 소경이 소경을 인도한다고 하셨는데 소경이 꿈을 꾸는 사람을 빗대어 말씀하고 계시며 거듭나라는 말씀 또한 이 가상세계에서 죽고 진짜 세상인 성경 세상 즉, 하나님의 나라 바꿔 말하면 하나님의 말씀의 나라에서 다시 태어나야 한다는 말씀이니 이 또한 이 세상이 가짜 세상인 꿈의 세상이라는 것을 말씀하고 계십니다. 만일, 이 세상이 진짜 세상이라면 어떠한 것도 없어져서는 안 되면 어떠한 것도 변해서는 안 될 것이지만 목도하는 바와 같이 이 세상의 진리에 가까운 속담 중에 이 세상에서 변하지 않는 진리가 있다면 이 세상은 변화한다는 것이다는 속담이 있을 정도로 변한다는 것은 가짜라는 것인데 우리가 금을 좋아하는 이유는 금이 변하지 않기 때문입니다. 이 세상이 진짜 세상이라면 생로병사가 없어야 하고 슬픔과 고통과 가난함도 없어야 할 텐데 가짜 세상이기에 수많은 아픔이 늘 함께 하기에 이 세상은 명백한 가짜 세상임을 알 수 가 있습니다. 이 가짜 세상이 그렇게 좋으신가요??

[돌아온 탕자와 장자의 비유]

돌아온 탕자는 하나님의 품을 떠난 죄인인 인간을 비유하고 아버지는
하나님을 비유한다고 흔히들 알고 계시지만 사실은 정반대일 수가
있습니다. 아버지는 물론 하나님의 비유인 것은 맞지만 성경에서
강조하고 계시는 것은 탕자가 아니고 장자인 것인데 왜 그런지 설명
올립니다. 장자와 둘째 아들은 하나님 품에서 삶을 영위하다가 어쩐
이유에서인지 둘째는 자기의 분깃을 받고 세상에 나아가 흥청망청 쓰다가
완전 박살나서 죽기 일보 직전일 때 아버지의 품안으로 돌아오는 것이니
떠나간 죄인이 하나님께로 돌아온다는 복음의 비유라고 생각을 합니다.
(누가복음 15장 17절)
"이에 스스로 돌이켜 이르되 내 아버지에게는 양식이 풍족한 품꾼이
얼마나 많은가 나는 여기서 죽는구나 "
누가복음에 나오는 이 내용을 잘 읽어보면 아버지의 재산은 모두
장자에게 증여되어 이제 살아 생전에는 아버지 것이지만 아버지가
돌아가신 후에는 모두 장자에게 상속되는 것이고 탕자는 아버지가
돌아가신 후에는 다시 빈털터리가 되는 내용으로 탕자는 그 운명이
비참한 것으로 끝나게 되어 있습니다만 장자는 영원한 재산을 상속받아
영원토록 떵떵거리며 행복하게 사는 모습이 그려져 있습니다.
하나님을 진정으로 믿는 우리들이 장자일까요 탕자일까요?
어떤 분들이 탕자에서 장자로 신분 상승하는 내용이 뒤에 나오지
않을까요라는 이상한 상상을 하시는데 성경은 정확히 복음만을 말하고
있습니다.

장자는 하나님의 말씀을 붙잡고 그 은혜로 사는 사람이기에 아버지가
자신의 모든 재산을 상속하는 은혜 받은 거듭난 그리스도인들을 비유하고
둘째는 말씀에 의지하지 않고 세상에 의지하여 살다가 아버지의
품으로 돌아오지만 아버지가 해 줄 수 있는 것은 단지 살진 송아지하고
가락지 정도인 것을 볼 때 은혜를 떠난 죄인들에게는 고통의 지옥밖에
없음을 알게 됩니다.

장자는 이 세상에 살면서 많은 재산을 가지고 있음에도 겸손하게 살아가고 있는 그리스도인들을 상징하는 인물이며 탕자는 아직 거듭나지 못한 죄인들을 비유하는 것이고 믿음에서 떠나 은혜를 잊고 사는 죄인들은 비록 아버님의 품 즉, 말씀 안에서 평화를 찾지만 하나님의 유업을 받지 못하는 여전한 죄인임을 알 수 가 있는데 만일 이 탕자가 진정으로 거듭나려면 장자인 친형의 은혜를 구했어야 했지만 성경에서는 이런 내용이 없고 단지 아버지가 살진 송아지와 가락지만을 준 것으로 묘사되어 있는 바 은혜에서 떠난 사람의 비참함을 다시 한 번 보여주고 있는 비유입니다.

장자는 막대한 재산을 갖고 있는 사람이므로 이 비유는 거듭한 그리스도인 일 수도 있고 또한 하나님의 비유일 수도 있는데 이 탕자는 배고파서 집에 돌아왔지만 그냥 단순히 잔치열고 맛있는 것 먹으면서 그동안의 잘못을 회개하는 내용이 없으니 아버지가 장자로 하여금 탕자에게 재산을 나눠주도록 하는 그런 내용이 없어서 이 탕자는 결국 지옥에 가게 되는 슬픈 내용이 됩니다.

탕자가 집으로 돌아가게 되는 결정적인 근거는 물질의 부족이었기 때문에 이 물질의 부족에서 벗어나기 위해서 맘에도 없는 거짓말인 내가 하늘과 아버지에게 죄를 얻었다고 말하는 장면에서는 이 탕자의 말로를 예상케 합니다. 아버지에게 돌아갈 때 죄를 깨닫고 회개하는 마음으로 돌아가야 하는데 단지 배고픔을 면하기 위해 거짓 회개를 함으로 아버지가 돌아가신 후에는 한 푼도 못 받게 되어 다시 거지가 되는 말로를 보여줌으로 거짓 회개하는 자의 비참함을 성경은 단호히 보여주고 있습니다. "심령이 가난한 자는 복이 있나니 천국이 저희 것임이여 "의 말씀이 이루어지려면 진정으로 회개해야 함을 이 비유는 보여주고 있습니다.

탕자는 돼지들이 먹는 쓰레기 같은 쥐엄 열매를 먹으면서 자신의 모습을 거울을 통해서 보았을 것이고 거울에 비친 그 비참한 모습을 보면서

자신의 인생과 현재의 삶이 지옥의 삶이고 그 자신의 처지가 구더기에
불과하다는 것을 깨닫고 아버지께로 돌아가야겠다고 결심하고 아버지께로
돌아갔지만 탕자의 실수는 물질적으로 궁핍함만을 면하기 위해서
아버지께로 돌아갔다는 것입니다. 만일 탕자가 영혼의 궁핍함과
영혼의 말씀이 갈급하여 아버지께로 갔다면 아버지께서는 장자의 재산을
탕자와 나누게 하셨을 터인데 그렇지 않고 단지 살진 송아지와
가락지만을 주신 것은 참으로 탕자가 아직 진실로 진실로 영혼의
궁핍함을 깨닫지 못했기 때문입니다. 영혼의 궁핍함을 깨달은 자에게는
영혼의 풍성함으로 은혜의 선물을 주시는 하나님의 은혜를 깨닫지 못하는
탕자의 불쌍함은 아직 그는 세상의 물질만으로 모든 것을 판단하는
어린아이와 같은 어리석은 자이기에 아버지는 그에게 단지 물질적으로만
보답하셨습니다.

누가복음 탕자 편을 정리하면 다음과 같습니다.
장자는 거듭난 그리스도인을 말하며 아버님은 심판자임을 비유하고
탕자는 거짓 회개하는 죄인임을 비유하고 있습니다. 거짓 회개했기에
아버님은 장자에게 준 막대한 재산을 탕자에게는 한 푼도 주지 않은 것을
보면 아버님은 심판자로서의 하나님을 비유하고 계십니다.
거짓 회개하면 최종적으로는 아버님의 재산을 한 푼도 받지 못합니다.

[죄인임을 인식하자]

(요한계시록21장 8절)

그러나 두려워하는 자들고 믿지 아니하는 자들과 흉악한 자들과 살인자들과 행음자들과 술객들과 우상 숭배자들과 모든 거짓말 하는 자들은 불과 유황으로 타는 못에 참예하리니 이것이 둘째 사망이라

(이사야 59장 1절)

여호와의 손이 짧아 구원하지 못하심도 아니요 귀가 둔하여 듣지 못하심도 아니라 오직 너희 죄악이 너희와 너희 하나님 사이를 갈라놓았고 너희 죄가 그의 얼굴을 가리어서 너희에게서 듣지 않으시게 함이니라.

(마태복음 18장 9절)

만일 네 눈이 너를 범죄하게 하거든 빼어 내버리라. 한 눈으로 영생에 들어가는 것이 두 눈을 가지고 지옥 불에 던져지는 것보다 나으니라

(요한복음 16장9절)

죄에 대하여라 함은 그들이 나를 믿지 아니함이요.

(잠언21장4절)

눈이 높은 것과 마음이 교만한 것과 악인이 형통한 것은 다 죄니라

(야고보서4장 17절)

그러므로 사람이 선을 행할 줄 알고도 행하지 아니하면 죄니라

(로마서 7장20절)

만일 내가 원하지 아니하는 그것을 하면 이를 행하는 자는 내가 아니요 내 속에 거하는 죄니라

(야고보서1장 15절)

욕심이 잉태한 즉 죄를 낳고 죄가 장성한 즉 사망을 낳느니라

(잠언28장 13절)

자기의 죄를 숨기는 자는 형통하지 못하나 죄를 자복하고 버리는 자는 불쌍히 여김을 받으리라

(요한1서 3장 15절)

"그 형제를 미워하는 자마다 살인하는 자니 살인하는 자마다 영생이 그 속에 거하지 아니하는 것을 너희가 아는 바라"

(로마서 8장 7절~8절)

"육신의 생각은 하나님과 원수가 되나니 이는 하나님의 법에 굴복치
아니할 뿐 아니라 할 수도 없음이니라
육신에 있는 자들은 하나님을 기쁘시게 할 수 없느니라
만일 너희 속에 하나님의 영이 거하시면 너희가 육신에 있지 아니하고
영에 있나니 누구든지 그리스도의 영이 없으면 그리스도의 사람이
아니니라 " 또 그리스도께서 너희 안에 계시면 몸은 죄로 인하여
죽은 것이나 영은 의를 인하여 산 것이니라
예수를 죽은 자 가운데서 살리신 이의 영이 너희 안에 거하시면
그리스도 예수를 죽은 자 가운데서 살리신 이가 너희 안에 거하시는
그의 영으로 말미암아 너희 죽을 몸도 살리시리라 그러므로 형제들아
우리가 빚진 자로되 육신에게 져서 육신대로 살 것이 아니니라
너희가 육신대로 살면 반드시 죽을 것이로되 영의로써 몸의 행실을
죽이면 살리니 무릇 하나님의 영으로 인도함을 받는 그들은 곧 하나님의
아들이라 "
이러한 성경 말씀 가운데서 여러분들은 얼마나 자유로우실까요? 많은
성경말씀은 모든 사람이 죄를 범하여 죄인이라고 반복해서 강조하고
계시는 이유는 일단 여러분들이 처절한 죄인인 것을 깨달아야 그제서야
비로소 의인이 될 수 있기 때문입니다. 죄가 많은 곳에 은혜가 넘치기
때문에 자신이 지옥갈 수 밖에 없는 "죄인 중의 괴수구나" 라는 바울의
고백이 나에게도 찾아올 때 그 때 비로소 은혜가 찾아와서 우리가
거듭날 수 있습니다. 거듭난다는 말은 무슨 의미인가요? 거기에 대한
해답은 여러분들이 진실된 죄인이 되었을 때 찾아올 것입니다.
자신이 처절한 죄인임을 고백해야 합니다.

[사후 천국과 생전 천국]

우리는 흔히 죽으면 천국 간다고 믿고 있지만 죽은 후 천국 갈 지 안 갈지는 실제로 죽기 전에는 알 수 가 없고 만일 죽은 후 심판의 부활로 나아가 지옥 판결을 받고 유황 불 못에 던져져서 거기서 슬피 울며 이를 갈게 될지 아닐 지 어떻게 알까요?

사람이 죽은 후에는 심판이 있다고 하셨기에 사람 상태로 죽으면 반드시 심판대 앞에 서게 돼있고 그럼 백발백중 죄인으로 판정되어 영원 불 못에 빠지게 됩니다. 왜냐하면 심판대란 의인들이 아예 가는 곳이 아니기 때문입니다.

(요한복음 3장 18절)

"저를 믿는 자는 심판을 받지 아니하는 것이요 믿지 아니하는 자는 하나님의 독생자의 이름을 믿지 아니하므로 벌써 심판을 받은 것이니라 " 성경에 기록된 말씀처럼 거듭난 사람은 심판을 받지 아니한다고 하셨으니 심판대에 서는 것 자체가 바로 지옥행 죄인임을 깨달아서 아예 심판대 자체에 가면 안 됩니다.

찬송가 노래 중에 "슬픔 많은 이 세상도 천국으로 화하도다" 라는 너무나 아름다운 찬송가가 있는데 이 찬송이 나의 진정한 찬송가가 되어야만 하기에 안타까운 마음으로 이 글을 쓰고 있습니다.

논리적으로 성경을 접근해 보면 내가 현재 천국 백성이자 천국 시민임을 알고 있어야 인생이란 먼 여행 후 고국(천국) 땅을 밟을 수 있는 것이지 자기가 스스로 천국 백성인지를 모른다면 고국 땅을 어떻게 밟을 수 가 있을까요? 같은 논리로 믿는 다는 신앙인이 자기가 현재 천국 시민권자인 것을 모른다면 사후에 어떻게 천국에 들어갈 수 있을까요?

달리 말하면 살아 생전에 이미 천국 시민권을 획득하여 이미 천국 생활을 누리고 있는 상태여야지만 상황이 바뀌는 상태에서도 여전히 천국상태를 누릴 수 가 있기에 믿는 사람들은 살아 생전에 천국으로 들어가 있어야 하는 것이지 죽은 후에 천국에 들어가는 것은 결단코 아닙니다.

예수님께서 말씀하시기를 "회개하라 천국이 가까이 왔다"고 하셨는데 영어 원문에는 천국이 가까이 왔다는 표현을 at hand라고 하실 정도인데

at hand는 그 위치가 손이라는 뜻으로 너무나 가깝다는 말씀으로 도대체 천국이 얼마나 가까우면 천국이 손에 있다는 말씀을 하셨는지를 상기해 볼 때 우리가 하나님 뜻에 따른 회개만 하면 바로 천국에 들어갈 수 있다는 말씀임을 우리는 쉽게 알 수가 있습니다.
그렇다면 아직 천국에 들어가 있지 못하는 사람들은 회개를 제대로 하지 않았음을 알 수가 있는데 그럼 회개란 무엇인가를 정확히 알아야만 할 필요가 있습니다. 회개에 대해서는 뒤에서 자세히 그 말씀을 풀어 알려드리겠습니다. 일단, 여기서는 믿는 신앙인들이 현재 사는 곳이 사단에게 내어주신 이 세상인지 아니면 천국인지를 알려드리려고 하는 것이기에 회개는 나중에 풀어서 올리겠습니다.

(요한복음 18장 23절)
"예수께서 대답하시되 내 나라는 이 세상에 속한 것이 아니니라 만일 내 나라가 이 세상에 속한 것이었다라면 내 종들이 싸워 나로 유대인들에게 넘겨지지 않게 하였으리라 이제 내 나라는 이 세상에 여기에 속한 것이 아니니라 "
예수님께서는 이 세상은 예수님에게 속한 세상이 아니라고 분명히 말씀하셨습니다. 그럼 하나님의 나라가 아닌 이곳에 사는 신앙인들이 무엇인가요? 맞습니다 현재 이 세상은 신앙인들에게는 이방나라요 잠시 머물다가 가는 타국 세상이기에 이 세상에서 성공하고 잘 먹고 잘 살고 무병장수하는 것이 과연 어떤 의미일까요?

최소한 이 세상이 신앙인들에게 낯선 곳이고 우리의 고국이 아님이 확실하기 때문에 단순히 이 세상에서 부귀영화를 누리려는 신앙인들의 마음 자세는 확실히 잘못되었다고 할 수 있습니다.
거듭난 신앙인들은 확실한 천국 백성이고 천국 시민이기에 이 세상과는 분명한 선을 긋고 살아야 함은 명백합니다.

우리가 이 땅에 사는 이유를 설명해보면 이렇습니다.
고등학교나 대학교를 졸업 후 외국으로 유학가는 경우를 흔히 볼 수

있는데 유학가는 이유는 무엇인가요? 네 맞습니다. 더 높은 수준의
학문과 외국어 습득에 있는데 이것을 달리 표현하자면 자기 계발이라고
할 수 있을 것인데 이처럼 우리는 천국에 살고 있지만 자신의 영성계발
차원에서 하나님 아버지께서 이 세상에 우리를 유학 보낸 것이기에
그 뜻을 잘 받들어 우리는 우리의 영성계발을 생명이 다하는 날까지
성경 말씀을 묵상하고 깨달으면서 신앙 훈련을 하다가 유학 생활이
끝나는 날 고국인 천국으로 다시 가는 것인데 유학 생활이 오래
길어지다 보니까 자신의 고국인 천국을 까먹는 사람들이 너무나 많은
이 안타까운 현실을 마주보게 됩니다.

천국 시민으로 이방국인 사단의 세상에 살다가 자신이 천국시민임을
까먹고 오히려 이 세상 사람이란 착각의 믿음으로 말미암아 결국 이
믿음이 실체가 되어 천국사람이 잘못된 믿음으로 이 세상 사람이 되어
버려 자신의 고국인 천국으로 못 돌아가는 안타까운 사람들이 너무나
지천에 깔려 있으니 참으로 비통한 마음뿐입니다.

빨리 진정으로 회개하여 천국시민임을 깨닫고 내가 이미 천국에 들어와
있음을 느끼셔야만 합니다. 천국은 죽은 후에 들어가는 곳이 아니라
살아 생전에 회개하고 거듭났을 때 들어가는 곳이 천국임을 어서 빨리
깨달아야 합니다.
주변에 보이는 이 세상이 천국이라니 참으로 말도 안 되는 말이라고
생각하실 수 있겠습니다만은 이 슬픔 많은 이 세상이 천국이라는 사실은
너무나 확실합니다.

하나님의 언어를 생각해볼 때 하나님의 언어는 하나로 다 모아집니다.
빛이 있으라 하시매 빛이 있었고 이 빛이 하나님 보시기에 좋았더라는
말씀으로 모두 귀결되니 이 말씀을 잘 풀어 하나님의 언어를 깨닫고
마음으로 받아 들이시기를 바랍니다.

이 세상과 천국은 사실 같은 말씀입니다. 이 세상은 사단에게 내어 주신

세상이기에 이 세상에는 많은 고통과 아픔과 생로병사와 질병이 있는 것인데 이런 것을 볼 때 이 세상은 사단의 세상이 틀림없을 뿐만 아니라 예수님께서도 이 세상은 예수님의 세상이 아니라고까지 말씀하셨습니다.

천국은 침노하는 자의 것이라고 하신 말씀을 상기해보고자 합니다. 이 세상에서의 많은 고통과 슬픔은 우리의 교훈이요 영성계발 훈련인 것이지 흔히 생각하는 그런 고통은 아니며 언젠가는 끝날 고통과 슬픔이기에 이것을 잘 견디어야 하는 것입니다. 이런 관점에서 고통과 슬픔은 천국의 기쁨으로 승화될 수 있는 것이기에 만일 이 세상에서의 고통과 슬픔이 하나님께서 주시는 영적 교훈을 위한 수단이라는 것을 깊이 깨닫게 되면 이 세상은 이제 더 이상 사단의 세상이 아니니 이런 진리를 깨닫게 되면 이 세상은 천국으로 화하게 된다는 말씀을 천국은 침노하는 자의 것이라는 말씀을 하신 것임을 깨달아야 할 것입니다.

여러분 천국은 이미 여러분 자신으로 바로 주변이 이미 천국임을 아셔야 하는데 제가 이것을 물리적으로 설명해 볼텐데 잘 따라와 주십시오.
컴퓨터 화면을 보면 하나의 화면에 여러 개의 창을 띄우면서 작업을 하는 것을 볼 수 있습니다.
유투브를 보면서 한글 워드 작업을 하는 사람도 있고
동시에 게임 두개를 하는 사람도 있고 하였든 요즈음은 멀티로 작업하는 사람들이 굉장히 많은데 이렇듯이 하나의 화면에 여러 개의 작업 창들이 존재하는 것을 볼 수 있는 것처럼 우리들이 보는 이 세상 화면에는 그 속에 보이지 않는 천국 화면이 겹쳐져 있는 것임을 알아야 합니다.
성경은 믿음이란 보지 못하는 것을 보는 것이 믿음이라고 정의하고 계신데 참으로 정확한 말씀이심을 고백할 수밖에 없게 됩니다.
이 세상 내면에는 반드시 천국이 동시에 존재하고 있기에 우리는 이 천국백성인 것을 깨달아 회개하며 이 천국에 현재 내가 존재하고 있구나 라는 사실을 깨닫는 것이 꿈에서 깨는 것임을 아셔야 합니다.

이 사단의 세상이 꿈의 세상임을 아시고 진정한 세상인 천국으로 어서
빨리 들어오셔서 현재 내가 천국에 들어와 있구나 라는 사실을
마음으로 피부로 실제적으로 느끼시는 기적이 이 글을 읽는 분들에게
일어나기를 진심으로 기원해봅니다.
(누가복음 9장 27절)
"내가 참으로 너희에게 이르노니 여기 섰는 사람 중에 죽기 전에
하나님의 나라를 볼 자들도 있느니라 "
이 말씀을 하신 배경은 오병이어가 일어난 현장인데 정말로 많은
사람들이 물고기와 빵으로 배부르게 먹은 상태에서 하신 말씀입니다.
죽기 전에 하나님의 나라를 본다는 것은 바꿔 말하면 살아 생전에
하나님의 나라인 천국을 본다는 것인데 이 말씀을 직접 하셨다는 것을
우리가 상기해보아야 합니다.
복음의 말씀을 듣고 깨닫기만 하면 그 즉시 천국에 입국할 수 있음을
말씀하시고 계신 이 하나님의 복음을 깨닫기만 하면 그 말씀이 육신이
되어 내 몸에 거하시고 그로 인해 바로 그 순간 우리는 천국에 바로
들어갈 수 있다는 말씀을 가슴깊이 새겼으면 좋겠습니다.
슬픔 많은 이 세상이 천국으로 변화되는 그런 놀라운 경험을 할 자가
이곳에 있다는 말씀인데 그럼 그 자가 누구일까요?
누가복음 7장에 나오는 백부장의 믿음을 보면 예수님께서는 보지 않고
믿은 그의 믿음을 기이히 여기시고 이만한 믿음을 이스라엘에서
이만한 믿음을 보지 못하였다고 하셨는데 바로 이러한 믿음을 가진
사람들이 죽기 전에 하나님의 나라를 볼 수 있다고 하신 것입니다.
믿음이란 보지 못하는 것들을 보는 것이 믿음이라고 하셨습니다.
진정한 뉘우침으로 내가 죄인임을 깨닫고 100%은혜로 구원받음을
받아들이면 눈에 보이지 않는 천국이 보입니다.
눈에 보이는 이 세상이 천국이 아니라 그 내면 속에 감춰진 진짜
세상인 성경말씀의 세계가 눈으로 보이게 되면 그 진짜 성경의 세계가
하나님의 세계인 천국이구나 하는 이 놀라움을 체화하셨으면 정말
좋겠습니다.
말씀이 육신이 되어 내 몸에 거하시면 내 몸이 홀연히 변화산에서

변화되신 예수님처럼 변화되어 이제는 내가 내 몸속에 하나님의
능력과 은혜로우심을 느끼면서 살아가고 항상 24시간 하나님께서
나와 한 몸으로 계시는 것을 생생하게 느끼실 것입니다.
이제 사단에게 내어주신 세상에서 깨어 참 세계 천국의 세계인
성경말씀의 세계로 들어오시면 표면적으로 보이는 이 세상이
가짜 세상이고 진짜 세상이 그 가짜 세상 안 쪽에 숨겨져 있음을
아실 것입니다.

["말씀이 육신이 되어" 란 의미]

하나님은 빛이십니다. 또한 하나님은 말씀이십니다. 하나님은
빛이시면서 말씀이시기 때문에 빛은 말씀이십니다.

말씀이 육신이 되어 우리 가운데에 거하실 때에서 우리란 저와 여러분을
뜻하는데 달리 생각해보면 바로 나 자신을 말합니다.

결국 말씀이 여러분 각 개인들에게 임하셨다는 뜻이 됩니다.

하나님께서 빛으로 말씀으로 철수에게, 영희에게 각각의 개인들에게
임하셨다는 뜻입니다. 너무나 영광스럽고 벅찬 감동입니다.

"빛이 있으라 하시니 빛이 있었고" 의 말씀에서 하나님께서 말씀으로
이 세상을 말씀으로 즉 빛으로 창조하셨고 인간도 빛으로 창조되었음을
알 수 있습니다. 왜냐고요? 태초에 빛을 말씀으로 창조하시고
이 빛을 빛과 어두움으로 나누셨는데 이 빛과 어두움이 가상 세계의
0과1이 되어 꿈의 세계인 가짜 세상이 만들어진 것이지요.

우리 몸도 0과1의 조합에 불과하다고 할 수 있고 그럼 결국 우리 몸이
빛으로 이루어져 있는 것이고 이 빛에 말씀인 빛이 임재하시는 것이지요.

우리 몸은 세포로 이뤄져 있고 이 세포는 원자와 전자인 원소로
이뤄져 있는데 이 전자는 빛의 일종인 것은 과학적 사실입니다.

빛이 우리 가운데 임재하시면 우리 몸의 전자와 원자들의 원소들이
그 빛에 반응합니다. 빛이 빛에 감응하는 것은 너무나 당연한 일이
아닐까요?

말씀이 우리 몸에 임재하면 어떤 일이 발생할까요?

우선 내 몸이 말씀으로 이루어져 있다는 사실이 피부로 직접 느껴지면서
성경 말씀이 직접 저에게 말씀하시는 기적이 느껴집니다.

내 몸 세포 세포 하나하나가 말씀으로 이루어져 있고 말씀이 생명으로
제 몸을 구석구석 다니심을 느끼게 됩니다.

내 몸 하나 하나의 세포는 전자로 이뤄져 있으니 곧 빛으로 이루어져
있다고 당연히 할 수 있습니다.

어떤 거듭난 분이 계시다면 그 분을 바라보는 것만으로 하나님을
뵙는 것과 똑같은 현상이 일어나는데 그 이유는 그 분에게 하나님께서
임재하고 계시기 때문입니다.

예수님께서도 나를 보았다면 하나님을 보았다고 말씀하셨을정도로
성령님께서 임재하고 계신 분을 뵙는다면 하나님을 뵌 것이 맞게 됩니다.
외모로 하나님을 뵙는 것이 아니고 말씀으로 하나님을 뵙는 것이기에
거듭난 그분에게서 나오는 능력의 말씀이 나를 휘감을 때 구름 속에서
나타나시는 하나님을 뵙는 신비한 현상이 발생하게 됩니다. 할렐루야~

[하나님이 나를 찾으시는 것일까 아니면 내가 하나님을 찾는 것일까]

잃어버린 양 한 마리를 찾기 위해 목자는 동분서주하면서 애타게 찾는 반면에 길 잃은 양은 태평하게 풀을 뜯으면서 한가로이 일광욕을 즐깁니다. 그 양을 목자가 보고 먼저 가서 양을 품에 안고 울타리 안으로 데리고 옵니다.

마찬가지로 죄인 하나가 길을 잃고 방황하면 예수님께서 먼저 아시고 그 분께서 여러분들을 구원하러 오십니다.

일반적으로 우리가 예수님을 찾는 것으로 알지만 사실 잘못알고 계신 겁니다. 여러분들은 천국이 어디에 있는지도 모르지만 어디에 있는 지 알 수도 없는 것이기에 예수님께서 여러분을 찾으로 오시는 것인데 이런 것이 논리에도 부합하고 성경말씀으로도 진리가 됩니다.

"심령이 가난한 자는 복이 있나니 천국이 저희 것임이요"라는 말씀은 심령이 가난한 자에는 천국이 임한다는 말씀인 것이고 나라이 임하옵시고 뜻이 하늘에서 이룬 것 같이 땅에서도 이루어지이다는 말씀에서도 천국이 임한다고 나와 있지 우리가 천국갈 수 있다고는 하지 않으셨고 회개하라 천국이 가까이 왔다는 말씀에서도 천국이 먼저 다가왔다고 말씀하시지 여러분들이 천국 간다는 말씀은 하지 않으셨습니다. 성령님이 임하신다고 하시지 여러분들이 성령님에게 간다는 말씀은 없습니다. 예수님이 재림하신다고 하지 여러분들이 예수님 만나러 간다는 말씀 또한 없으십니다.

자~ 이런 말씀들을 종합해보면 천국에 가는 것이 아니고 천국에 나에게 오는 것이라는 점은 명확합니다.

그럼 천국이 어떻게 옵니까? 내가 무엇인가를 해야 오는 것이 아닙니다. 즉, 행위로는 천국이 저에게 오지 않고 은혜로만 저에게 옵니다.

우리가 마음을 비우고 심령이 가난해질 때 성경 말씀이 마음의 비석에 기록되기 시작할 때 인생에 길을 잃고 방황하여 어찌할 바를 모를 때에 오로지 은혜만을 바라게 될 때, 이 세상이 꿈같고 덧없는 삶이라는 것이 느껴질 때, 주변의 모든 사물들에 스며들어 있는 하나님의 사랑을 느낄 때에 바람이 어디서부터 와서 어디로 가는 지 알 지 못하는 것처럼 성령님께서 여러분에게 찾아오시는 그 은혜의 순간이 여러분에게

올 것입니다. 자식을 잃은 아버지가 아들을 찾는 심정으로 여러분을 찾아
오실 것이시기에 그 아버지를 맞이하는 마음으로 그 분을 받아들이시기만
하면 천국이 여러분에게 임하시게 됩니다. 아무 것도 하지 않고 단지
내가 길잃은 어린 양이구나 하는 회개만 하면 이 모든 은혜는 이루어
집니다.

[각종 보석으로 이뤄진 천국은?]

천국이 각종 화려한 보석으로 이루어져 있다고 성경이 묘사하고 있는데 과연 천국이 각종 보석으로 이루어져 있을까요?

금은 지구에서는 매우 귀한 금속이지만 다른 행성에서는 돌보다도 흔한 금속일 수도 있습니다. 그런 행성에서 타고 자란 사람들에게 있어 금으로 이뤄진 천국은 오히려 초라할 수도 있는 것이기에 천국을 금으로 묘사한 것은 비유적인 표현임을 잘 알 수가 있습니다.

천국을 각종 보석으로 비유한 이유는 그 만큼 말씀이 소중하고 영광스럽다는 의미를 비유적으로 표현한 것임을 생각해야 할 것입니다. 생각해보면 하나님의 말씀이 얼마나 아름답고 시적이며 영광스럽습니까? 지구상의 그 어떤 보석보다고 어떤 귀금속보다도 아름답다는 것을 느끼셨으면 정말 좋겠습니다.

여러분의 자녀는 이 세상의 그 어떤 보석보다도 더 아름답게 빛나고 휘황찬란한 빛이시지 않나요? 이와 비유할 수 없는 부활의 말씀과 생명의 말씀이 너무나도 귀중하다는 것을 이렇듯이 귀금속과 보석으로 비유한 것임을 알 수 있습니다.

평상시 천국에 있게 되면 이 세상의 그 어떤 보석으로 치장한 세계 최고급 호텔에 있는 것보다도 더 한 화려함 속에 있다는 것을 온 몸으로 느끼게 되는데 이러한 기쁨을 표현할 길이 없기에 그냥 보석으로 천국이 이루어져 있다고 성경이 비유적으로 말씀하고 있는 것이기에 사단에게 내어준 이 세상에서의 각종 재물에 마음 뺏기지 말고 하나님의 말씀에 우리의 온 마음과 정신을 빼앗겨지기를 진심으로 바랍니다.

이 세상의 영화와 영광이 들에 핀 백합화 한 송이보다 못함을 아셔야 하는데 이 백합화가 꽃을 피려면 수많은 유전자와 자연의 형언할 수 없는 경우의 수가 조합되어 꽃을 피우니 이 복잡한 유전자로 이뤄진 백합화야 말로 이 세상의 그 무엇보다도 아름답다는 것은 과학적으로도 예술적으로도 맞는 말씀이기에 이런 참 깨달음을 여러분들도 경험했으면 좋겠습니다. 인간은 자신의 인식 범위를 벗어난 것은 거의 느끼지를 못하는데 보석과 귀금속은 아름답다고 느끼면서 들에 핀 백합화와 돌맹이 하나는 별로 예쁘다는 생각을 하지 못하는데 사실 어떤 것이

귀하고 아름다운지는 인식의 차이에 불과할 뿐 진정한 절대적인 가치는 아닙니다. 한 줌의 흙이 한 줌의 금가루보다 더 소중하다고 저는 생각하는데 그 이유는 한 줌의 흙에는 살아 움직이는 생명이 있고 꽃과 곡식을 생산해 내지만 귀금속 한 줌의 가루는 무엇을 할 수 있을까요? 온 세상이 금으로 이루어져 있어 곡식을 전혀 생산해 낼 수 없다면 그 세상에서의 흙 한 줌의 가치는 거의 무한대에 가까운 가치를 지니게 될 것입니다. 이제 인식의 범위 안에 갇혀 있지 마시고 하나님의 인식의 범위로 들어가서 하나님의 은혜 안에서 그 분의 영광을 보시기를 간절히 소망해봅니다.

[아브라함이 이삭을 낳고 이삭은 야곱을 낳고]

아브라함은 남자고 이삭도 남자고 야곱도 남자인데 어떻게 남자가 남자를 낳고 남자가 또 남자를 낳을 수가 있을까요?

낳는다는 의미에 있어서 우리는 생물학적으로만 낳는 것을 인정하고 있지만 성경에서 낳는다고 하는 것은 말씀으로 거듭나는 일을 낳는다고 비유적으로 말씀하고 계심을 알 수 있습니다.

이삭이 생물학적으로 아브라함의 아들이지만 성경적 비유로는 먼저 된 거듭난 그리스도인이 말씀으로 또 다른 거듭한 그리스도인을 낳는 것을 말씀하고 계십니다.

예수님께서는 성령으로 잉태하시고 출산하셨으니 예수님 역시 말씀으로 출생하신 것을 볼 수 있는데 이 탄신은 우리 인간들이 말씀으로 거듭태어나는 것을 먼저 시범적으로 보여주심을 알 수가 있는데 예수님처럼 우리도 성령으로 태어나야 합니다. 성령님이란 말씀을 나타내므로 성령님이 비둘기 같이 임하셨다는 말씀처럼 우리도 말씀을 받을 때 성령님이 임하시게 되십니다.

성령님이 비둘기가 앉듯이 예수님에게 임하셨을 때에 비로소 하늘에서 이는 내 사랑하는 아들이라는 음성이 나왔듯이 여러분들에 하나님의 말씀이 임하실 때 그 때 비로소 하늘에서 음성이 나와 여러분들이 하나님의 아들이라는 울림이 마음 깊은 곳에서부터 나올 것입니다.

참고로 성령님이 비둘기 같이 임하셨다는 표현은 그만큼 실제적으로 실상적이라는 비유로 성경 말씀은 이렇듯이 추상적인 표현이 아니라 구체적이고 만질 수 있는 물건처럼 느끼고 깨달아야만 함을 비유로 말씀하고 계십니다.

(야고보서 1장 18절)

"그가 그 조물 중에 우리로 한 첫 열매가 되게 하시려고 자가의 뜻을 좇아 진리의 말씀으로 우리를 낳으셨느니라 "의 말씀처럼 여러분들도 하나님의 말씀으로 거듭나서 부활하여 하나님의 친아들과 딸들이 되셨으면 좋겠습니다.

[물과 성령으로 거듭나지 아니하면]

물은 노아 때처럼 심판을 상징합니다. 물속에 모든 것을 수장시켜
죽음을 보게 하는 것이 물이 상징하는 바입니다.
성령으로 거듭나려면 먼저 물로서 죽음을 경험해야 한다는 것이며
죽음을 경험하려면 자신이 죄인 중에 괴수며 죄 덩어리이고 자신은
마귀의 자손이고 독사의 자손이라는 탄식이 흘러나올 때 그 때 비로소
침례로 물속에 들어가서 수장당하여 죽음을 맛보았을 때 그 때 비로소
자신의 죄 값을 지불하여 다시 태어날 수 있는 것입니다.
성령으로는 성령님이 하나님을 나타내고 하나님은 말씀이시므로 성령님은
말씀이시므로 말씀을 받을 때 우리가 성령님을 받은 것이며 성령님을
받은 것을 성령으로 거듭났다고 말씀하시는 것입니다.
세례 요한이 예수님에게 안수하실 때 여러분 각자의 죄가 예수님에게
넘어가서 죄 없으신 예수님에 이제 죄인이 되어 버리셨으니 참으로
우리는 영원한 빚을 지게 되었습니다. 예수님도 요단강에서 침례를
받음으로 죽음이라는 형벌을 받을 것을 암시하셨습니다.
이제 여러분들도 요단강이라는 죽음의 강에 예수님과 함께 침례하여
예수님이 요단강에 들어가실 때 여러분도 예수님과 함께 요단강에
들어감을 믿음으로 믿으셔야 하고 예수님의 침례를 자신의 침례로
받으셔야만 "내가 너희 안에 너희가 내안에"의 말씀이 이루어지는
기적을 경험하시게 됩니다. 우리는 아무것도 할 수 없는 소경이고
앉은뱅이이므로 무조건 예수님만 의지해서 예수님과 한 몸으로 살아야만
하는 너무나도 축복받은 의인들입니다.
사도 바울의 고백처럼 "이제는 내가 산 것이 아니요 내 안에 계신
예수 그리스도께서 사신 것이라"의 고백이 저절로 나오는 여러분들
되시기를 진심으로 바랍니다.

[천국은 은혜로 오는 것이요 지옥은 스스로 가는 곳]

심령이 가난한 자를 하나님께서는 찾으시고 계시고 길 잃은 어린 양을 목자가 찾고 한 드라크나를 잃어버렸을 때 여인이 애타게 찾는 것을 나타내고 있는 성경은 천국이 은혜로 오는 것임을 설명하고 있습니다. 성경론자들의 논쟁 중에 선택론이 있는데 이 선택론이란 하나님께서 선택하셨다는 것으로 예정론 이라고 하는데 이 말씀이 나온 이유 역시 천국이 심령이 가난한 자에게 찾아오는 것이기 때문입니다.

예수님께서 "회개하라 천국이 가까이 왔다"라고 하셨는데 이 역시 천국은 죄인이 회개하면 온다는 뜻으로 해석이 충분히 되는 말씀입니다. 회개하려면 먼저 자신이 죄인이라는 것을 깨달았을 때 하는 것이 회개이기 때문에 우리 자신이 죄인 중의 괴수라는 사도 바울의 고백처럼 그런 탄식이 먼저 있어야 회개도 하게 됩니다. 예수님의 이 말씀은 먼저 자신이 죄인임을 깨달으라고 하시는 뜻이심을 생각해보아야 합니다. "두르리라 그러면 열릴 것이요"란 말씀에서도 우리가 죄인이 되서 찾기만 하면 천국이 온다는 것을 가리키고 계십니다.

여러분들이 용변이 급할 때 화장실 문을 두들기지 않습니까? 화장실 안에 누군가가 있다면 제발 빨리 나오라고 계속 두들기시지요. 이렇듯 자신이 급해야 자신이 지옥가는 것임을 깨달을 때 구원의 문을 두들기게 되어 있으니 먼저 자신이 지옥갈 수밖에 없는 저주받은 몸인 것을 처절히 깨달아야 구원의 문도 두들기게 되어 있습니다.

이에 반하여 지옥은 명백히 스스로 가는 곳임을 알 수 있습니다. 아담이 선악과를 따먹은 후 스스로 부끄러워하면서 가렸는데 이 역시 스스로 그런 것입니다. 선악과를 따먹은 후 죄가 이 세상에 들어온 이유는 아담이 선악과를 따먹었기 때문이 아니라 아담이 선악과를 따 먹은 후 스스로 죄를 범했다고 믿었기 때문입니다. 의인은 그 믿음을 의로 여기시는 것처럼 죄인 역시 그 믿음을 죄로 여기시는데 아담은 스스로를 죄인으로 믿었기에 하나님은 어쩔 수 없이 그 믿음을 죄로 보시고 단죄하실 수 밖에 없으셨습니다. 스스로 죄인 되어 스스로 지옥 가는 결과가 되어버렸습니다. 너무나 안타까운 일이 아닐 수 없습니다.

(로마서 5장 12절)

"이러므로 한 사람으로 말미암아 죄가 세상에 들어오고 죄로 말미암아 사망이 왔나니 이와같이 모든 사람이 죄를 지었으므로 사망이 모든 사람에게 이르렀느니라 " 아담이 선악과 따먹기 전에도 아담은 벌거벗었으나 부끄러워하지 아니함은 그 부끄러움을 부끄러움으로 여기지 아니하였는데 바꿔 말하면 그것을 부끄럽다고 믿지 않은 것이기에 그 부끄러움은 부끄러움이 아니었습니다.

(창세기 2장 17절)

"선악을 알게하는 나무의 실과는 먹지 말라 네가 먹는 날에는 정녕 죽으리라 하시니라 "에서 아담이 선악과를 따먹기 전에 하나님께서는 만일 네가 선악과를 따먹으면 범죄하는 것이므로 그 죄 때문에 네가 정녕 죽으리라고 하시지 않으셨고 그냥 "네가 먹는 날에는 정녕 죽으리라" 하셨습니다. 왜 이렇게 말씀하셨을까요? 아담이 선악과를 따먹고 나서 그냥 천진난만한 애기처럼 있었고 그 행위가 죄라는 것을 인식하지 못했다면 죽지 않았을 것입니다. 아담은 선악과를 따먹은 후 하나님 말씀을 어긴 것이 죄라고 스스로 믿었고 스스로 믿었기에 그것이 실상이 되어 이제 실제적인 죄가 되었습니다. 예수님께서는 "네 믿음대로 될지어다" 는 말씀과 그 뜻으로 여러 번 말씀을 하셨는데 그 말씀 그대로 아담이 스스로 범죄했다고 믿었고 그래서 스스로 죄인이 되었습니다.

(히브리서 11장 1절)

"믿음은 바라는 것들의 실상이요 보지 못하는 것들의 증거니"에서 믿음은 실제로 이루어지는 실체라고 하셨고 눈에 보이지 않는 믿음의 증거라고 하셨는데 이처럼 아담은 스스로 믿음으로 말미암아 스스로 죄인이 되었기에 하나님께서는 이것을 그의 죄로 여기시고 그를 죄인으로 심판하시고 정죄하시기에 아담은 사망을 얻게 되었습니다.

(레위기 4장 27절)

"만일 평민의 하나가 여호와의 금령 중 하나라도 부지중에 범하여 허물이 있었다가 그 범한 죄에 깨우침을 받거든 그는 흠없는 암염소를 끌고와서 그 범한 죄를 인하여 그것을 예물로 삼아 "에서 평민 중 하나 즉 평범한 우리 죄인들을 말씀하시는데 그 죄인들 중에 하나가 부지중에 죄를 범하여 허물이 있었다가 그 범한 죄에 깨우침을 받거든 그 때 비로소 그 죄에 대하여 죄를 사하는 의식을 하라고 하신 것을 우리가 보면 만일 어떤 사람이 부지중에 죄를 범하고 그 죄를 깨닫지 못하면 그 죄에 대해서는 형벌을 받지 않는다는 말씀임을 알 수가 있습니다. 양치질을 한 달 동안 안 한 상태에서 엘리베이터를 탈 경우 그 냄새는 정말 역겨울 것인데 그것을 죄라고 여기는 사람이 있을까요? 어떤 매우 민감하고 소심한 사람이 그러한 죄로 여긴다면 어떨까요? 그 사람이 무슨 일인가 있어서 양치질을 한 달간 안 하게 되었고 그 후 엘리베이터를 탔는데 여러 사람들이 얼굴을 찌푸리는 것을 보게 되었을 때 그 사람은 죄를 범했다고 느끼고 그 죄에 대하여 용서 기도를 드리게 되는 것과 같은 이치인데 여러분들은 그것이 죄라고 여기지 않지만 그 사람은 그것을 죄라고 여길 때 양치질 안 한 죄가 성립이 되게 됩니다.

죄를 큰 죄나 작은 죄로 나누지 않으셨기에 양치질 안 한 죄나 살인한 죄나 둘 다 지옥가는 죄들입니다. 2살 짜리 유아가 칼을 들어서 자기 형을 찔러서 죽였다면 그 유아는 지옥갈까요? 제가 말씀드리는 것은 어떤 죄를 범했을 때 그것이 지옥가는 죄라고 인식하는 순간 그것은 실제적인 죄가 됩니다. 반대로 어떤 행위를 하고 나서 그것이 죄라는 것을 전혀 인식하지 못한다면 그것은 또한 죄가 아닙니다. 결국 죄란 그것을 죄라고 여기는 사람에게는 죄가 되고 죄라고 여기지 않는 사람에게는 죄가 되지 않습니다. 죄란 믿음의 문제입니다. 하나님은 빛이시고 어두움이 조금도 없는 분이시기에 그 분은 죄를 창조하지도 아니하시었는데 인간은 놀랍게도 죄를 창조해서 스스로 정죄하여 죄인이 되어 스스로 지옥가는 믿기지 않는 놀라움을 보여줍니다. 안타깝게도 모든 사람이 아담의 후손으로 아담처럼 스스로를 죄인으로 여기고 있기 때문에 모든 사람이 죄인이 됩니다. 인간으로 태어나서 스스로를 죄인이라고 여기지 않으신 단 한 분이 예수님이십니다. 이제 하나님의 복음의 기적의 구원의 역사가 일어나게 됩니다. 이제는 믿음으로 죄를 죄로 여기지 않아야 됩니다. 그러나 불가능한 일입니다. 예수님께서 어린아이와 같이 되지 않으면 결단코 천국에 들어올 수 없다고 하신 것은 어린

아이는 죄를 죄로 여기지 않기 때문입니다. 어린 아이 상태를 벗어난 사람은 이제 죄인으로 믿기에 실제적인 죄인이이서 스스로 죄를 죄로 여기지 않는 상태는 불가능합니다.

만일 여러분들이 거짓말을 할 때 이것은 죄가 아니라는 믿음을 가진다면 그것은 죄가 아닙니다. 그러한 마음가짐 상태는 불가능합니다.

그러나 믿음으로 모든 죄가 사하여 졌기에 비록 내가 거짓말을 하더라도 그것은 죄가 아닌 거짓말을 한 것이라고 믿는 다면 그것은 죄를 범한 것이 아니기에 가능합니다. 이러한 믿음을 의로 여기시는데 이 믿음은 근본적으로 예수님께서 나의 모든 죄를 사하셨다는 그 보혈의 능력을 믿을 때만 가능한 믿음입니다. 미래의 과거의 현재의 모든 죄를 사하셨기에 내가 비록 간음할 지라도 그 간음 죄의 죄는 범한 것이 아니고 그냥 간음한 것에 불과합니다. 그럼 간음이 나쁜 것일까요? 이 세상에 나쁜 것 즉, 악은 없습니다. 바꿔 말하면 선악 중에서 선만 있지 악은 없다는 뜻입니다. 간음이 없다면 어떻게 애기를 낳을 수 있을까요? 남자가 성욕이 없으면 큰 정신병으로 사회적으로 문제가 어마어마합니다. 인류가 소멸할 수도 있습니다. 살인죄는 나쁘지만 살인은 나쁘지 않습니다. 하나님께서 이스라엘 민족에게 명하셔서 이방인들을 공격하는 내용은 구약에 많이 나옵니다. 즉, 살인 자체에 악을 부여할 수 없다는 뜻입니다. 정리하면 죄는 원래부터 없었으나 인간이 아담이후로 스스로 창조해낸 것이 죄이며 그 연유로 스스로 죄인이 되어 스스로 지옥가는 놀라운 일을 지금도 모든 인류가 거침없이 해내고 있습니다. 그리하여 스스로 지옥가는 일을 해내고 있습니다. 그럼 이와 반대로 그리스도의 은혜로 모든 죄가 사하여졌다고 믿는다면 미래 죄까지 사라졌기에 나는 더 이상 죄를 범하지 않게 됩니다. 그냥 시기, 질투, 미움, 거짓말등을 할 뿐이지요. 이러한 시기, 질투, 미움, 거짓말을 악하다고 보는 사람은 아담의 정죄를 받게 됩니다.

(디도서 3장10절)

"이단에 속한 자를 한두 번 훈계한 후에 멀리하라 이런 사람은 네가 아는 바와 같이 스스로 정죄한 자로서 죄를 짓느니라 "

이 말씀을 정밀하게 읽어 보세요. 성경에는 죄를 범하는 자에게 마귀에서 속했다고 말씀하시는데 그럼 죄를 범하는 자들은 누구일까요? 죄를 스스로 범하는 자들은 전부 다 마귀에게 속한 것인데 그렇다면 죄를 범하지 않아야 한다는 말씀인데 그것이 가능할까요?

어떤 일이나 행위나 마음을 먹을 때 그것이 죄라고 믿는 사람들에게는 그것이 죄가 됩니다. 아담이 선악과 따먹고 스스로 죄를 지었다고 믿은 것과 똑같습니다. 디도서의 말씀처럼 이 세상은 죄가 없는데 스스로 죄를 지었다고 믿는 사람들은 죄를 범한 것이 되는데 이 말은 제가 만든 것이 아니고 성경말씀 그대로 전해드린 것입니다.

(로마서 7장 17절)

"이제는 이것을 행하는 자가 내가 아니요 내 속에 거하는 죄니라"의 말씀에서 우리가 만일 죄를 범한다고 하면 이것이 내속에 거하는 죄가 범한다는 바울의 고백인데 그렇다면 내 속에 거하는 죄가 없다면 어떻게 될까요? 이것을 행하는 자가 내가 아니요 내 속에 거하는 죄라고 했는데 그 죄가 없다면 당연히 죄를 지을 수가 없게 되는 것 아닐까요? 마음속에 죄가 없는데 어떻게 죄를 지을 수가 있을까요? 그리스도의 보혈로 우리 죄가 흰 눈처럼 새하얗게 되어 마음속에 죄가 없어진다면 그 이후로는 어떠한 형태로든지 죄를 범할 수는 없게 됩니다.

우리가 흔히 감기라고 하면 열나고 근육통이 있고 기침하고 콧물을 흘리는데 이러한 증상들은 감기가 아니고 감기의 증상에 불과합니다. 감기가 아니더라도 열 날 수 있고 근육통 생길 수 있고 콧물 날 수 있습니다. 결국 감기란 이런 증상들을 말하는 것이 아니고 감기 바이러스를 말하게 됩니다. 만일 감기 바이러스가 몸 안에 없다면 이 사람이 아무리 열나고 기침하고 콧물 흘리고 근육통이 있다 하더라도 이 사람은 최소한 감기 환자는 아닙니다.

어떤 잔치가 벌어지고 있는 큰 식당의 출입구에 "감기 환자 출입금지"란 푯말이 있다고 가정해 보겠습니다.

어떤 손님이 심하게 기침하고 콧물을 흘리고 있는데 이 분은 이 식당에 출입할 수 있을까요? 식당 직원은 이제 감기 바이러스 테스트를

해봅니다. 감기 바이러스 테스트 결과 바이러스가 없다면 이 손님은 감기
환자가 아니므로 잔치가 벌어지고 있는 이 식당에 출입할 수 있게
됩니다. 죄에 대해서는 이정도로 마무리 하고요 죄사함 부분에서
집중적으로 다시 다루겠습니다.
지금의 주제인 지옥은 스스로 걸어서 가는 곳이라는 점에 주목하여
보시면 결국 죄란 스스로 죄를 범했다고 하는 믿음의 결과인 것이고
하나님께서는 이것을 죄로 여기시기에 그 죄인을 벌하시는 것이므로
여러분들께서는 이 죄의 정의를 잘 생각해보셔야 합니다.
죄의 정의를 내려 보면 죄란 태초부터 존재하지 않았는데 아담이후로
사람들이 스스로 죄를 지었다고 믿기에 그 때부터 죄가 창조된 것이고
이 죄가 있다고 믿는 사람들에게는 죄가 여전히 있게 됩니다.
이것이 죄의 정의입니다. 덧붙여서 간단히 추가 설명 드리면
예를 들어 거짓말을 한다고 합시다. 이 거짓말 자체는 죄가 아닙니다
이 거짓말을 죄라고 여기는 그 사람에게는 죄가 됩니다.
살인 역시 죄가 아닌데 살인을 죄로 여기는 그 사람에게는 죄가 됩니다.
이스라엘 백성들이 이방인들과 무수히 많은 전투를 벌이면서 살인을
밥 먹듯이 했을 텐데 그것이 죄가 된 적이 있었나요?
즉, 살인 자체는 죄가 아닌 것입니다. 그 살인을 죄로 여기는
 그 사람에게만 죄가 됩니다. 그럼 맘 놓고 살인해도 된다는 의미인가요?
당신의 양심이 살인은 죄가 당신에게 정죄를 한다면 그것은 명백한
죄가 됩니다. 그것을 극복하는 것은 불가능합니다, 유아기 상태의
아기나 정신병자인 사람에게만 가능합니다. 우리 형법도 유아나
정신 병자의 살인은 죄로 여기지 않습니다. 모든 죄는 그것을 죄로
여기는 사람에게 죄가 됩니다. 더 이상은 기쁜 소식인 복음으로 풀어야
합니다. 하나님의 은혜로 이것을 해결해야 합니다.

[하나님을 볼 수 있을까요?]

(누가복음 10장 22~24절)

"내 아버지께서 모든 것을 내게 주셨으니 아버지 외에는 아들이 누군지 아는 자가 없고 아들과 또 아들의 소원대로 계시를 받는 자 외에는 아버지가 누군지 아는 자가 없나이다 하시고 제자들을 돌아보시며 종용히 이르시되 너희의 보는 것을 보는 눈은 복이 있도다 내가 너희에게 말하노니 많은 선지자와 임금이 너희 보는 바를 보고자 하였으되 보지 못하였으며 너희 듣는 바를 듣고자 하였으되 듣지 못하였느니라 "

아들의 소원대로 계시를 받은 자는 아버지가 누구이신지를 안 다는 말씀인데 그럼 아들의 소원대로 계시를 받은 자는 누구인가요? 아드님이신 예수님의 소원은 무엇일까요? 당연히 죄인들의 죄사함으로 인한 구원이시겠지요. 그럼 구원받은 사람들 즉, 거듭난 사람들은 예수님의 소원대로 이루어진 사람들입니다. 이제 이 분들은 아버지가 누구이신지를 아신다는 말씀이 됩니다. 하나님 아버지가 누구신가요? 여러분들 눈에 보이시나요?

"제자들을 돌아보시며 종용히 이르시되 너희의 보는 것을 보는 눈은 복이 있도다 내가 너희에게 말하노니 많은 선지자와 임금이 너희 보는 바를 보고자 하였으되 보지 못하였으며 너희 듣는 바를 듣고자 하였으되 듣지 못하였느니라 "

이 말씀에서 "너희의 보는 것을 보는 눈은 복이 있도다" 는 말씀은 정말 놀라운 말씀입니다. 거듭난 그리스도인은 하나님을 보았다고 해석이 가능한데 왜냐하면 예수님께서는 나를 본자는 나 보내신 이를 본 것이라고 하셨기에 예수님을 본 그리스도인은 하나님을 직접 본 것입니다. 그럼 2024년 이후의 삶을 살아가는 그리스도인들이 하나님을 직접 어떻게 볼 수 있을까요?

말씀이 육신이 되어 우리 가운데 거하신다는 말씀을 잘 더듬어 살펴보면 말씀으로 거듭난 그리스도인들은 말씀이 육신이 되어 내 가운데 거하신다는 말씀이 이루어진 분들인데 바로 이 분들에게 말씀이 육신이 되어 거하신 것이기에 이 분들을 본 사람은 바로 하나님을

본 것이 됩니다. 거듭난 그리스도인과 함께 하고 계시는 하나님을
볼 수 있는 것인데 왜냐면 거듭난 그리스도인에게 하나님께서
말씀으로 임재하여 계시기 때문에 거듭한 그리스도인을 보는 것은
하나님을 보는 것과 똑 같은 것이기에 거듭난 그리스도인을
보는 사람은 하나님을 본 것입니다.
많은 선지자와 임금들이 보고자 하였으나 볼 수 없었던 하나님을
본 기적이 일어났다는 말씀을 하시는데 이런 기적은 현재도
얼마든지 일어나고 있음을 알아야 합니다.
위에서 언급했지만 말씀으로 즉, 성령으로 거듭난 사람은 말씀이
임재해 계시기에 즉, 성령님께서 함께 하시기에 하나님께서
함께 하시는 것이기에 하나님께서 임재하신 그 거듭한 그리스도인은
하나님과 한 몸으로 이제 하나님의 형상이 된 것입니다.
포도나무와 한 몸이 된 가지는 이제 더 이상 다른 나뭇가지라고 불리지도
않고 포도나무로 불리며 또한 그 유전자 자체도 포도나무가 됩니다.
서로 다른 유전자가 한 몸이 되면 병이 됩니다. 간이식이나 심장
이식에서 이식 전에 여러 가지 검사를 하는 것은 유전적으로 어느 정도
맞는 지 보는 이유와 같습니다.
이렇듯이 말씀으로 거듭한 사람은 이제 그 유전자가 하나님의
유전자이므로 그 사람은 하나님의 형상이 됨으로 그 거듭한 그리스도인을
보면 하나님을 본다고 할 수 있습니다. 하나님을 보는 영광의 마음의
눈을 갖게 됩니다.
사람의 유전자를 갖고 있는 동물을 우리는 사람의 형상을 하고 있는
사람으로 부르고 호랑이의 유전자를 갖고 있는 동물을 동물의 형상을
하고 있다고 말하는 것처럼 하나님의 유전자를 갖고 있는 분들의
형상은 하나님의 형상이 됩니다.
이제 우리는 영광스럽게도 하나님을 직접 볼 수 있습니다. 거듭한
그리스도인을 찾아서 그 안에 계신 하나님을 직접 보시기를
소원해봅니다.

[그리스도인은 죄를 범하는가?]

(요한복음 8장 34절)

"예수께서 대답하시되 진실로 진실로 너희에게 이르노니 죄를 범하는 자마다 죄의 종이니라" 거듭난 그리스도인은 죄를 범할 수가 없습니다. 죄를 범하려면 우리 속에 죄가 있어야만 죄를 범할 수가 있는데 죄가 사라진 거듭난 그리스도인들은 죄를 범하래야 범할 수가 없게 됩니다. 거듭나기 전의 죄를 예수님께서 가져가셨기에 우리 속에는 죄가 없고 죄가 없기 때문에 죄를 범하래야 범할 수가 없는 것입니다. 만일 믿는 다고 하면서 여전히 죄를 범하고 있다고 하는 사람이 있다면 당신은 여전히 죄의 종으로 지옥 심판을 받아야 할 분입니다. 부활하신 분 즉 거듭나신 분들은 죄를 범하지 않습니다. (요한일서3장 3절~10절) "주를 향하여 이 소망을 가진 자마다 그의 깨끗하심과 같이 자기를 깨끗하게 하느니라 죄를 짓는 자마다 불법을 행하나니 죄는 불법이라 그가 우리 죄를 없이 하려고 나타내신바 된 것을 너희가 아나니 그에게는 죄가 없느니라 그 안에 거하는 죄마나 범죄하지 아니하나니 범죄하는 자마다 그를 보지도 못하였고 그를 알지도 못하였느니라 자녀들아 아무도 너희를 미혹하지 못하게 하라 의를 행하는 자는 그의 의로우심과 같이 의롭고 죄를 짓는 자는 마귀에게 속하나니 마귀는 처음부터 범죄함이니라 하나님의 아들이 나타나신 것은 마귀의 일을 멸하려 하심이니라 하나님께로서 난 자마다 죄를 짓지 아니하나니 이는 하나님의 씨가 그의 속에 거함이요 저도 범죄치 못하는 것은 하나님께로서 났음이라 이러므로 하나님의 자녀들과 마귀의 자녀들이 나타나나니 무릇 의를 행치 아니하는 자나 또는 그 형제를 사랑치 아니하는 자는 하나님께 속하지 아니하니라" 성경말씀대로 범죄하는 자마다 예수님을 보지도 못하였고 예수님을 알지도 못한다고 하셨으니 만일 범죄한다고 생각하시는 분들이 있으시다면 그 분은 예수님과는 상관이 없으신 분이십니다. 부활하신 분들이 죄를 범할 수없는 이유는 죄를 범하는 주체가 이미 죽고 사라졌기 때문입니다. 부활은 스스로 다시 살아난 것을 말하는 것이 아니고 그리스도께서 아무 것도 움직일 수없는 나를 움직여 주심으로 말미암아 내가 움직이는 것이기에 즉 그 분이 내 마음의 생각과 육체를 움직여

주심으로 내가 생각하고 움직이는 것이기에 내가 스스로 죄를 범하려야 범할 수가 없는 것입니다. 이것을 믿음으로 받아 들여야 하는 것이지요. "그 안에 거하는 죄마나 범죄하지 아니하나니 범죄하는 자마다 그를 보지도 못하였고 그를 알지도 못하였느니라"의 말씀에서 예수님 안에 거하면 범죄 하지 않는다고 하신 이 구절이 여러분의 마음 안에 들어와야만 합니다. 논리적으로도 이 말씀이 맞습니다. 예수님은 거룩하신 분이신데 그 분 안에 우리가 들어가 있다면 우리도 거룩한 것인데 그 이유는 거룩하신 분에게 더럽고 흠 있는 죄인들은 들어갈 수가 없기 때문입니다. 바꿔 말하면 거룩한 의인들만이 그리스도 안에 들어갈 수 있다는 말씀이고 일단 거룩하신 그리스도 안에 들어가면 당연히 그리스도에게 100%속한 것이 되므로 그리스도께서 범죄 하지 아니하시는 한 우리도 범죄할 수가 없는 것입니다. "의를 행하는 자는 그의 의로우심과 같이 의롭고 죄를 짓는 자는 마귀에게 속하나니 마귀는 처음부터 범죄함이니라 " 이 말씀에서 의를 행한다는 것은 무슨 말씀이실까요? 예수님께서 의로우시기 때문에 예수님께서 저를 움직이시면 저의 행위는 자동적으로 의로운 행위가 됩니다. 이 의로운 행위 이미 우리가 하고 있습니다. 왜냐하면 우리는 예수님 안에 들어가 있기 때문이며 그 결과 예수님과 같은 유전자로 부활했기에 우리는 아무 것도 할 수 없지만 예수님에 의해서 모든 것이 행해지기에 우리는 가만히 있어도 자연히 의로운 행위를 하게 됩니다. "의를 행하는 자는 그의 의로우심과 같이 의롭고"의 말씀은 우리가 무엇인가를 의롭게 행하라는 말씀이 아니고 우리는 스스로 의로운 행위를 할 수 없으므로 예수님과 한 몸이 되라는 말씀입니다. 달리 말하면 십자가 상에서 죽고 그리스도와 함께 부활되면 그리스도께서 하시는 행위를 자동적으로 따라하는 것이므로 자연히 의로운 행위를 하게 된다는 말씀으로 은혜를 강조하는 표현이시지 저희에게 의로운 행위를 하라는 말씀은 아니십니다. 저희의 모든 행위는 항상 의로운데 그 이유는 범죄 하는 우리는 십자가 상에서 죽었고 그리스도와 함께 부활시켜주셨기에 우리의 모든 행위는 그리스도님의 행위이기 때문입니다. 모든 나의 행위는 나의 행위가 아니고 그리스도님의 행위입니다. 그러기에 나의 모든 행위는 의로울 수

밖에 없습니다. "죄를 짓는 자는 마귀에게 속하나니 마귀는 처음부터 범죄함이니라 하나님의 아들이 나타나신 것은 마귀의 일을 멸하려 하심이니라 하나님께로서 난 자마다 죄를 짓지 아니하나니 이는 하나님의 씨가 그의 속에 거함이요 저도 범죄치 못하는 것은 하나님께로서 났음이라 "에서 여러분이 만일 죄를 짓고 있다고 생각하신다면 여러분의 부모는 마귀이고 여러분은 그의 자식입니다. 마귀는 처음부터 범죄함이란 말씀은 무엇일까요? "죄를 짓는 자마다 불법을 행하나니 죄는 불법이라" 의 말씀에서 해답을 알 수 있습니다. 에덴동산에서 하나님께서는 선악과를 따먹지 말라고 하셨는데 그 하나님의 말씀 즉, 율법을 어기는 것 다른 말로 불법을 행하는 것 이것이 바로 범죄함이니 마귀는 처음부터 하나님의 율법인 말씀을 어겼으니 처음부터 범죄했다는 말씀이 적용됩니다. "하나님의 아들이 나타나신 것은 마귀의 일을 멸하려 하심이니라" 는 말씀은 무슨 뜻일까요? 사람들로 하여금 범죄 하게 하고 그 것을 죄로 여기게 하여 하나님으로부터 멀어져 지옥가게 하는 일은 마귀의 일이니 결국 마귀는 범죄 하는 자의 우두머리가 되고 자기 뿐만 아니라 자기를 닮아 사람들로 하여금 죄를 범하게 하는 일이 바로 마귀의 일인데 그 마귀처럼 여러분들도 죄를 범하니 마귀와 죄를 범하는 죄인들은 한 몸으로 지옥 유황불 못에 영원토록 갇히게 될 것입니다. 또한 여러분 자신이 마귀의 자식이므로 자기의 신분이 마귀임을 꼭 기억하시기 바랍니다. "하나님께로서 난 자마다 죄를 짓지 아니하나니 이는 하나님의 씨가 그의 속에 거함이요 저도 범죄 치 못하는 것은 하나님께로서 났음이라 이러므로 하나님의 자녀들과 마귀의 자녀들이 나타나나니 "에서 하나님의 말씀으로 자녀가 된 자는 죄가 없기 때문에 죄를 지을래야 지을 수가 없다는 말씀이고 그 속에는 죄 대신에 하나님의 씨가 들어 있다는 말씀이요 "저도 범죄 치 못하는 것은 하나님께로서 났음이라" 는 뜻은 하나님께로서 난 자는 범죄 치 아니한다는 말씀입니다. 다시 한 번 강조하지만 죄가 있으면 범죄케 되는데 죄가 우리로 하여금 범죄하게 한다는 뜻입니다. 달리 말하면 죄가 없으면 범죄도 하지 않는다는 말씀입니다. 이 말씀에서 우리가 범죄하고 싶어도 범죄 치 못한다고 하신 것은 너무나 은혜롭고 지당하신 말씀이십니다.

거듭한 그리스도인들은 그 안에 죄가 없기 때문에 죄를 범하고 싶어도 죄를 범할 수가 없습니다. 이것은 비밀입니다. 이 천국비밀은 믿음으로 믿음에 이르러 깨달아야만 합니다. 이 책을 차분히 다 읽으시면 저절로 알게 되실 것입니다. " 이러므로 하나님의 자녀들과 마귀의 자녀들이 나타나나니 " 이 말씀처럼 하나님의 자녀들과 마귀의 자녀의 구분은 범죄하느냐 못 하느냐로 구분됩니다. 마귀의 자녀들은 범죄할 수 있는데 범죄 안하려고 노력하다가 범죄 하게 되는 짐승같은 자들이고 하나님의 자녀들은 범죄하고 싶어도 그 안에 죄라는 씨가 없기 때문에 범죄하고 싶어도 범죄 못하는 빛으로 이루어진 하나님의 자녀들인 것입니다. 하나님은 빛이신데 그 자녀들도 역시 같은 유전자인 빛이기 때문에 그 안에 어두움 즉, 죄가 전혀 없기에 죄를 범하고 싶어도 범죄치 못하는 상태를 가진 그 자녀들이야말로 부활한 거듭한 그리스도인들입니다. 이런 사람들을 성경은 신이라 하였고 이들은 신이기 때문에 사람들이 가는 심판대에 가지 않고 당연히 천국에 가게 되기 때문에 믿음으로 거듭나고 부활하는 그 순간에 천국으로 옮겨지게 됩니다. 살아 생전에 천국에 이미 천국에 들어가 있기 때문에 이들은 심판장 근처도 가지 않습니다. 물론 방청객으로 구경갈 수는 있습니다. 이분들은 진정한 자유자들이기 때문에 가능한 일이지만 사람의 신분으로 있다가 심판대로 끌려가신 분들은 영원히 마귀의 종으로서 죽을 래야 죽을 수 없는 신분으로 유황불못에서 극한의 고통을 원하는 겪으실 것입니다. 여전히 죄의 종인 분들은 어서 물과 성령으로 거듭나셔야 합니다.

(로마서 7장 17절~20절)

"이제는 이것을 행하는 자가 내가 아니요 내 속에 거하는 죄니라 내 속 곧 내 육신에 선한 것이 거하지 아니하는 줄을 아노니 원함은 내게 있으나 선을 행하는 것은 없노라 내가 원하는 바 선은 하지 아니하고 도리어 원치 아니하는 바 악은 행하는 도다. 만일 내가 원치 아니하는 그것을 하면 이를 행하는 자는 내가 아니요 내 속에 거하는 죄니라 " 거듭나기 전 즉 죄인 상태에서의 바울의 고백처럼 죄를 범하는 자는 그 속에 죄가 있기 때문에 그 죄가 다양한 형태로 나오기 때문에 죄를 범하게 된다고 성경에 기록하고 있습니다. 마음속에 죄가 있으면 죄가 다양한 죄의 향기를 내뿜게 되는데 그 죄의 향기 중에 하나가 거짓말 하는 것이요, 비방하는 것이요 살인하는 것이요 도적질 하는 것이요 형제를 미워하는 자등등 일 것인데 이러한 죄의 향기는 근본적으로 그 속에 죄가 있기 때문입니다.

이제 사도 바울은 십자가 상에서 죽었고 죄의 향기를 내 뿜던 그 죄는 사라졌습니다. 방안에 똥이 있다고 하면 방 안은 똥냄새로 가득차게 되지만 그 똥을 치우면 이제 그 방안에는 똥 냄새가 안 나게 되는 이치와 같은 원리입니다. 죄인 상태일 때의 바울은 죄를 범하는 것에 대하여 이토록 통렬하게 자기 비판을 하게 되지만 벗어날 방법이 없자 그는 다음과 같이 탄식하게 됩니다. (로마서 7장 24절) "오호라 나는 곤고한 사람이로다 이 사망의 몸에서 누가 나를 건져내랴" 이러한 탄식으로 그는 고백합니다. 자기 자신이 죄인중의 괴수라고...마음속의 죄를 치울 방법은 인간의 사고 방식으로는 불가능합니다. 이제 그리스도의 은혜로 마음속의 죄를 깨끗이 없애는 자비와 사랑이 하늘로부터 강림하게 되어 사도 바울은 감사의 기도 를 하게 됩니다. (로마서 7장 25절) "우리 주 예수 그리스도로 말미암아 하나님께 감사하리로다 그런 즉 내 자신이 마음으로는 하나님의 법을 육신으로는 죄의 법을 섬기노라 " 여기서 바울은 육신으로는 죄의 법을 섬긴다고 하였는데 성경을 조금이라도 아시는 분은 이 육신은 십자가에서 그리스도와 함께 못 박혀 사망했다는 것을 알고 계실 겁니다. 맞습니다. 육신으로는 죄의 법을 섬기지만 이 육신은 십자가에서 예수 그리스도님과 함께 못 박혀 사망했다는 그 사실을 믿어야만 이제 더 이상 우리는 육신에 속한 것이 아니라 하나님의 영에 속한 신의 자리에 올라가게 됩니다.

바울이 "마음으로는 하나님의 법을" 섬기게 되었다고 한 것은 바꿔 말하면 성령님께서 바울에게 들어 가셨다는 고백으로 이제는 죄가 없어지게 되었고 그로 인해서 하나님께 감사한다는 신앙고백이 됩니다.
"우리 주 예수 그리스도로 말미암아 하나님께 감사하리로다"
이 말씀에서 바울이 거듭났다는 말씀은 아닙니다. 무슨 말이냐 하면 만일 바울이 예수 그리스도님과 함께 십자가에 못 박혀 죽고 같이 부활한다면 내가 거룩한 그리스도인이 될 수 있는 이 진리가 있으니 감사하다는 고백이고 이 진리를 바울이 받아들이고 깨달아서 이제 바울은 다음과 같은 고백을 하게 됩니다. (갈라디아서 2장 16절~21절)
"사람이 의롭게 되는 것은 율법의 행위에서 난 것이 아니요 오직 예수 그리스도를 믿음으로 말미암는 줄 아는고로 우리도 그리스도 예수를 믿나니 이는 우리가 율법의 행위에서 아니고 그리스도를 믿음으로서 의롭다 함을 얻으려 함이라 율법의 행위로서는 의롭다 함을 얻을 육체가 없느니라 만일 우리가 그리스도 안에서 의롭게 되려 하다가 죄인으로 나타나면 그리스도께서 죄를 짓게 하는 자냐 결코 그럴 수 없느니라. 만일 내가 헐었던 것을 다시 세우면 나를 범법한 자로 만드는 것이라. 내가 율법으로 말미암아 율법을 향하여 죽었나니 이는 하나님을 향하여 살려 함이니라 내가 그리스도의 함께 십자가에 못 박혔나니 그런즉 이제는 내가 산 것이 아니요 오직 내 안에 그리스도께서 사신 것이라 이제 내가 육체 가운데 사는 것은 나를 사랑하사 나를 위하여 자기 몸을 버리신 하나님의 아들을 믿는 믿음 안에서 사는 것이라 내가 하나님의 은혜를 폐하지 아니하노니 만일 의롭게 되는 것이 율법으로 말미암으면 그리스도께서 헛되이 죽으셨느니라. "
"육신은 죄의 법을 섬겼지만"에서 그 육신은 십자가 상에서 예수님과 함께 못박혀 죽었다고 고백하고 있습니다. 여기서의 육신은 우리가 흔히 생각하는 피와 살과 뼈의 고깃 덩어리 육체가 아니고 그냥 우리 인간 자신을 말합니다. 달리 말하면 죄인의 다른 표현입니다. 즉, 사도 바울은 죄인인 자신이 그리스도와 함께 십자가에 못박혀 죽음으로써 죄인된 사도 바울이 이 세상에서 죽고 없어졌다는 뜻입니다.
십자가 상에서 그리스도와 함께 죽었지만 하나님께서 그리스도를 죽은 자들 가운데서 살리실 때 바울도 같이 살아나게 되었다고 고백합니다. "이제는 내가 산 것이 아니요 오직 내 안에 그리스도께서 사신 것이라"
이 고백은 죄인 되었던 나 바울(육신)이 그리스도와 함께 부활하였으니 이는 내가 산 것이 아니요 그리스도께서 사신 것이니 단 한 번의 호흡 조차도 할 수 없고 아무 것도 할 수 없는 죽은 상태이나 그리스도께서 나로 하여금 호흡하게 하여주시고 식사도 하게 하여 주시고 사회 생활도 하게 하여주신다는 신앙고백을 하고 있는 것으로 십자가 상에서 죽은 자들이 부활하면 그 죽은 자들 스스로 부활한 것이 아니고 그리스도께서 죽은 자들을 부활시켜 주실 때 그 죽은 자들이 스스로 호흡하고 식사할 수 있는 능력을 주신 것이 아니라 그리스도께서 친히 그 분의 능력으로 우리의 폐와 식도와 위를 움직여 주시기 때문에 우리가 호흡하고 식사할 수 있다는 뜻입니다. 바꿔 말하면 무당들이 흔히 하는 입신의 경지인 것입니다. 무당들에게 조상 신들이 들어오면 그 무당은 그 조상 신에 의해서 말하고 숨 쉬게 됩니다. 만일 조상 신이 노하여 그 무당의 호흡을 꽉 잡으면 그 무당은 숨을 못 쉬면서 죽게 됩니다.즉 그 무당의 모든 것을 조상신이 조정하는 것이지요. 비유를 무당으로 비유했지만 죄인의 부활은 스스로 부활 한 것이 아니요 예수님께서 부활시켜 주신 것이시기에 부활하신 분들의 호흡과 식사는 예수그리스도께서 하시는 것입니다. 사도 바울의 고백을 다시 한 번 보겠습니다. " 이제는 내가 산 것이 아니요 오직 내 안에 그리스도께서 사신 것이라 " 분명히 이 고백에서 바울은 현재 스스로 살아 있는 것이 아니고 그리스도께서 바울 안에서 살아계시기 때문에 바울이 살아있는 것이라고 했습니다. 우리는 아무 것도 할 수 있는 시체인데 그 시체를 거룩한 몸으로 바꿔주신 분은 예수님이신데 그 시체를 의인으로 부활의 몸으로 그 분이 바울 안에 들어가셔서 바울을 변화시키셨음을 알 수 있습니다. 변화산에서 홀연히 변화하신 것은 우리 인간도 예수님처럼 홀연히 변화된 것을 의미하는데 그 이유는 우리가 예수님과 한 몸이기 때문입니다. 한 몸이기 때문에 그리스도께서 영생하시므로 바울도 영생할 수가 있게 됩니다. 이 말씀은 "내가 너희 안에 너희가 내 안에 거하면" 의 말씀이 이루어진 실상이 됩니다. 그리스도께서 바울의 모든 것을 움직이게 하셨기에 예전의 바울은 죽고 없어 졌기 때문에 바울이 스스로 죄를 범할래야 범할 수가 없게 되었습니다. 그리스도께서 바울의 마음까지 도 사랑하셔서 바울의 마음도 그리스도께서 품으셨기 때문에 이제 바울은 죄를 범하려야 범할 수가 없게 되었습니다. 바울의 마음도 너무나 거룩하여 지고 깨끗합니다. 왜냐면 시체를 살리셨을 때

그 마음도 살리시기 때문입니다. 마음이 살아야 시체도 사는 것임은
너무 당연한 일입니다. 따라서 부활한 이후에 어떤 죄를 범한다는 것은
성경 상 말도 안 됩니다. (히브리서 10장 26절~27절) "우리가 진리를
  아는 지식을 받은 후 짐짓 죄를 범한 즉 다시 속죄하는 제사가 없고
오직 무서운 마음으로 심판을 기다리는 것과 대적하는 자를 소멸할
맹렬한 불만 있으리라 "
하나님을 믿는 다고 하면서 짐짓 죄를 범하면 그 때 속죄하는 제사 즉
용서가 없고 오로지 심판만 남아 있다는 이 무서운 말씀에 무릎을 꿇고
이 말씀의 뜻을 이해해야 합니다. 부활한 이후 거듭난 이후는
죄인으로서의 나는 사라졌기에 죄를 지을 래야 지을 수가 없는데 짐짓
죄를 범한다는 말은 아직 내가 죄인이라는 고백에 다름 없기에 지옥갈 수
밖에 없는 상황이 됩니다. 구원 받은 이후에도 여전히 죄를 범하면서
이 죄까지도 사해졌다고 생각하는 많은 이단들이 있는데 그들은 성경을
자기 편한대로 입 맛대로 읽고 해석하는 것을 볼 때 참으로 불쌍할
뿐입니다.
(고린도후서 5장 16절 17절) "그러므로 우리가 이제부터는 아무 사람도
육체대로 알지 아니하노라 비록 우리가 그리스도도 육체대로 알았으나
이제부터는 이같이 알지 아니하노라 그런즉 누구든지 그리스도 안에
있으면 새로운 피조물이라 이전 것은 지나갔으니 보라 새 것이
되었도다 " 어느 목사님이 설교 하면서 새로운 피조물에 대해서 계속해서
반복해서 강조하지만 그 설교를 듣는 신도들의 반응이 미지근하기만 하는
방송을 보면서 참으로 새로운 피조물 되는 것이 어렵구나 하는 생각을
하게 되었습니다. 거듭나기 전 후의 우리의 얼굴이나 육체가 그대로
인 것을 보니 아하 이게 무슨 새로운 피조물인가하면서 의아하게
생각할 뿐만 아니라 여전히 범죄하는 자기 자신을 바라 볼 때 아니
거듭났는데도 불구하고 여전히 죄를 범하는 나는 과연 구원받았을까 하는
의심이 스멀스멀 가슴 깊숙한 곳에서 나오는 마음의 현장을 목격하고
있기에 그 목사님의 목청 터지는 설교에도 별로 반응이 없는 것을 볼 때
진정한 복음의 위력을 느끼게 됩니다. "이전 것은 지나갔으니 보라
새 것이 되었도다" 이 말씀에서 구원받았다고 믿는 여러분들은 정말

새 것이 되었나요?? 우리는 여기에서 새것이란 무엇인가요에 대하여
정의할 필요가 있습니다. 새 것이란 무엇일까요? 새 것의 정의는 헌 것이
먼저 있어야 합니다. 헌 것은 무엇일까요? 헌 것은 죄인을 말하는 것이고
새것은 그럼 무엇일까요? 당연히 의인을 말합니다. 모든 사람은 태어날
때부터 죄인으로 태어났기에 모든 사람은 죄인입니다. 이 죄인을
헌 것으로 하면 의인은 새 것이 됩니다. 죄인에서 의인이 된 것이
헌 것에서 새 것이 된 것이지요. 거듭난다는 말은 죄인에서 의인으로
다시 태어나는 것을 말합니다. 의인으로 태어나려면 그리스도와 함께
죽고 다시 살아나는 것을 말합니다. 죽고 다시 살아난다는 것이 바로
새로운 피조물이 되는 것을 뜻합니다. "그러므로 우리가 이제부터는
아무 사람도 육체대로 알지 아니하노라" 육체대로 알지 않는다는 말은
그럼 무엇으로 안다는 것일까요? 비록 겉모습이 육체대로 보인다
할지라도 육체대로 알지 않겠다는 뜻입니다. 그럼 무엇으로 안다는
것일까요? 미국 국적을 갖고 있는 한국 사람이 한국에서 살고 있는 경우
그 사람은 미국 사람인가요? 한국 사람인가요? 겉보기에는 한국
사람이지만 실제로는 미국 사람이므로 겉모습으로 알지 아니하겠다는
말씀 아니겠습니까? 비록 부활하신 분은 겉모습으로는
이 세상에 속한 사람처럼 보이지만 그 신분은 천국 시민이고 하나님의
아들의 신분이기에 부활하신 분을 새로운 피조물이라고 하는 것입니다.
만일 여러분이 한국 국적에서 미국 국적을 획득하면 여러분들의
머리카락 색과 피부 색과 발음이 바로 미국사람처럼 되는 것인가요?
겉모습은 여전히 한국 사람이지요. 마찬가지로 천국의 시민으로서
하나님의 친아들이 된 부활하신 분들이 이제 방금 지옥 시민에서
천국 시민으로 변화되신 분들이시기에 그 모습은 여전히 지옥 시민의
모습을 하고 있을 뿐입니다. 아무리 반복해서 새로운 피조물이라고
해보았자 가슴에 와 닿지 않는 이유는 죄인에서 의인으로 변화되었다는
그 사실이 마음으로 깨달아지지 않기 때문입니다. 제가 묻겠습니다.
여러분은 구원받았고 의인이 되었고 부활하셨나요? 그렇다면 하나님의
친아들이 되었고 예수님께서 여러분의 맏형이 되셨습니다. 맞습니까?
그럼 여러분의 신분은 이제 천국 국민이고 절대 거룩하신 분의

친아들로서 막대한 부를 가지게 되었고 고귀한 신분이 되었습니다.
그러나 그 겉모습은 독사 자식의 모습은 하고 있습니다. 예수님께서도
부활하신 후 그 모습은 변하지 않으셨습니다. 우리가 예수님과 함께
부활하였기에 우리도 부활 전의 모습 그대로 입니다. 하지만 그 신분이
완전히 바뀌었기에 우리는 새로운 피조물이 되었습니다. 자꾸만 겉모습에
의지하지 마십시오. 옛 사람은 죽었다고 성경은 말씀하고 계십니다.
새로운 피조물이라고 피부도 탱글탱글 하고 이빨도 깨끗하고 주름도
없어야 하나요? 새로운 피조물이란 죄로부터 벗어난 상태로 의인이 된
상태를 말합니다. 여러분 자신이 스스로 확실히 거룩하고 점하나 흠하나
없는 의인이고 그리스도 안에 계시다면 여러분은 그리스도 안에서 새로운
피조물입니다. 새로운 피조물이기에 이제 새로운 세상에서 살고 있습니다.
비록 눈에 보이는 이 지옥 같은 세상에 살고 있다 할지라도 우리는 이미
사망에서 생명으로 옮겨져 천국에 들어가 있습니다.물론 이미 부활했고요.
단지 그 천국은 믿음으로만 보이는 곳입니다.진정한 믿음이란 보이는
것을 믿는 것이 아니고 보이지 않는 것을 믿는 믿음이 참 믿음입니다.
예수님께서 하신 말씀에 "너희는 본 것을 믿느냐 보지 않고 믿는 자가
복되도다 "는 이 말씀은 믿음에 관하여 정확히 표현하고 계신 것입니다.
비록 지옥 같은 이 땅에 사는 것처럼 느껴지지만 실제로 는 우리가
천국에 들어와 있습니다. 과학적으로 설명해보면 여러 차원이 동시에
존재할 수 있다는 것은 이제는 상식적인 과학 지식입니다. 컴퓨터의
경우는 여러 작업들이 동시에 컴퓨터에서 구현되고 있습니다. 이것을
풀이해보면 이 세상은 지옥 같은 세상이 돌아가고 있고 또한 천국도
돌아가고 있습니다. 깨달은 사람들은 천국에 들어와 있는 것이고
깨닫지 못하는 사람 들은 지옥 같은 세상에서 살고 있는 것입니다.
여러분의 자녀가 서울의대와 서울 법대에 붙었다면 갑자기 이 세상이
따뜻해지는 것을 느끼실 것입니다. 아무리 추운 겨울이라 할 지라도
합격 통지서를 받으면 실제로 춥지 않게 됩니다. 놀라운 변화지요.
영하2도가 춥다고 해봅시다. 태어나서 항상 영하 50도 지역에서 살 던
사람은 영하2도면 그냥 봄이라고 생각합니다. 똑같은 영하2도를 누구는
겨울이라고 하고 누구는 봄이라고 합니다. 실제로 영하2도에서 반팔입고

다닙니다. 또한 실제로 따뜻하다고 합니다. 내 자녀가 서울대 의대와 서울대 법대에 합격하면 갑자기 영하2도가 전혀 춥게 느껴지지 않습니다. 이것은 의학적으로도 맞는 말입니다. 내가 영하2도의 세계에서 따뜻한 영상 15도의 세계로 차원이동을 하는 것을 의미합니다. 비록 다른 사람들이 영하2도라고 여기사는 세상이라 할 지라도 그 사람은 영상15도의 세상으로 점프해서 옮겨간 것인데 단지 그 사는 위치가 서로 같을 뿐입니다. 이렇듯이 천국으로 점프해서 옮겨짐을 당한 하나님의 아들들은 비록 다른 사람들이 생각하는 지옥 세상에 독사의 자식들과 같이 있다 할지라도 그들은 실제로 천국 차원으로 점프해 서 천국에 있는 사람들입니다. 구원받았다고 하면서 여전히 죄를 범하는 분들은 여전히 마귀의 자식이고 그 자신 또한 마귀입니다. 왜냐하면 마귀는 마귀를 낳고 하나님은 하나님을 낳기 때문입니다. (디도서 1장15절) "깨끗한 자들에게 는 모든 것이 깨끗하나 더럽고 믿지 아니하는 자들에게는 아무 것도 깨끗한 것이 없고 오직 저희 마음과 양심이 더러운지라 " 여러분들이 깨끗하지 못하기 때문에 여전히 죄를 범하고 있다는 신앙 고백이 필요합니다. 앞으로 짓는 죄까지도 사해주셨다고 믿는 믿음은 잘못된 믿음입니다. 거듭한 이후에는 아예 죄를 범하면 안 됩니다. (디도서1장 16절) "저희가 하나님을 시인하나 행위로는 부인하니 가증한 자요 복종치 아니하는 자요 모든 선한 일을 버리는 자니라 "의 말씀에서 구원받았다고 하는 분들은 은혜로 믿음으로 구원받은 것은 하나님 덕분이 라고 하면서 하나님을 시인하지만 죄를 범죄하는 행위를 하는 것을 보면 여전히 복종치 아니하는 자임을 알 수 있습니다.(디도서3장 11절) "이러한 사람은 네가 아는 바와 같이 부패하여서 스스로 정죄한 자로서 죄를 짓느니라 "의 말씀을 상고해보면 구원받고 거룩하다고 하면서 또 범죄함으로 부패하여서 스스로 죄를 범하는 당신들은 하나님을 이용한 사기꾼과 방불한 여전한 죄인에 불과합니다. 십자가 상에서 완전 사망 후 부활하지 않고서는 이러한 모든 성경말씀들이 여러분을 계속 시험할 것입니다. 불법을 행하고 범죄하는 여러분들이 하나님 앞에 설 수 있나요? 부활하면 하나님 앞에 서지 않고 하나님과 한 몸이 한 영이 됩니다. 부활에 동참하여 의인되시기를 바랍니다.

[육신의 부활은 생전에 가능한가?]

기독교를 부활의 종교하고 하는데 그 이유는 죽은 다음에 부활해서 영생을 누린다는 그 개념을 갖고 있다고 생각하기 때문입니다.

하지만 이 개념은 기독교를 오해한 것인데 부활이란 살아생전에 육신의 부활을 말하는 것이지 죽은 이후의 부활을 말하진 않습니다.

죽음 이후의 부활은 누구나 하는 것입니다. 그래서 하나님께서 심판의 부활이라고 하셨습니다. 즉, 거듭나지 않는 사람들은 모두 다 심판의 부활로 나오는 것이고 이 심판의 부활에서 죄인으로 판정받아 영원한 불 못에서 소금치듯함을 영원히 경험하면서 고통스럽게 영생을 해야 하는데 이러한 고통이 얼마나 심한 지 성경은 이를 둘째 사망이라고 하셨습니다.

예수님께서는 분명히 육신과 영의 부활을 이루셨지 영의 부활만을 이루신 것은 아니십니다. 부활하신 후 시장하시어 음식을 드셨을 뿐만 아니라 제자들로 하여금 예수님의 몸을 실제로 만져보게도 하셨을 정도 입니다. 그리스도께서 육신의 부활을 하셨다면 그 분을 믿는 우리 역시 육신의 부활을 해야 하는 것은 너무나 당연한 일이지요.

그 분만 육신의 부활을 하고 우리는 영의 부활만 한다면 앞, 뒤가 맞지 않을 뿐 아니라 그리스도께서 "내가 너희 안에 너희가 내 안에"란 말씀이 성립이 되지 않을 뿐 아니라 "나는 포도나무요 너희는 가지라" 란 말씀 또한 성립이 되지 않습니다.

예수님께서 육신의 부활을 이루셨다면 저희 또한 육신의 부활을 해야 합니다. 어찌 이런 일이 가능한가요?

아담께서 믿음으로 죄인 된 것처럼 모든 것은 믿음으로 이루어집니다. 우리 눈은 모든 사물을 이차원으로 보지만 뇌는 이 이차원을 삼차원으로 해석하여 이해하는데 이 이해하는 것이 바로 믿음인 것입니다.

무슨 말이냐 하면 이차원을 삼차원으로 해석해서 믿는 다는 것입니다. 앞에 보이는 자동차 앞에 또 다른 자동차가 있다는 것은 눈으로 봐서는 알 수 가 없지만 삼차원 적으로는 알 수 가 있습니다. 우리 눈은 분명 이차원으로 봤지만 뇌는 삼차원으로 인식하면서 앞에 차가 있다는 삼차원적인 생각을 하면서 아무 의심 없이 그 사실을 받아들입니다.

바로 우리의 일상적인 생활조차도 이런 믿음으로 이루어지고 있는 것을 생각할 때 성경은 일관되게 믿음을 강조 또 강조하고 계십니다.

바울의 고백처럼 "이제는 내가 산 것이 아니요 내 안에 계신 그리스도께서 사신 것이라 "는 신앙 고백을 우리는 다시금 생각해 보아야 합니다.

죄인 된 우리 몸이 예수 그리스도와 함께 십자가에 못 박혀 함께 죽었다고 믿는 그 믿음이 있으면 우리 몸은 그리스도와 함께 십자가에 못 박혀 죽은 것이 됩니다. 즉, 믿음으로 우리는 십자가에서 예수 그리스도와 함께 못 박혀 죽은 것입니다.

"믿음은 바라는 것들의 실상(실체)이요 보지 못하는 것들의 증거 "란 말씀처럼 믿음은 이렇듯이 실체적인 믿음이 되어 이 사실을 믿기만 하면 우리 몸은 십자가에서 실제로 죽은 것이 됩니다. 이것이 믿음입니다.

태어나서 한 번도 거대한 비행기를 보지 못한 원시인들이 있다면 이들은 하늘에 거대한 비행기가 날아 다녀도 그 비행기를 전혀 볼 수 없다고 합니다. 왜냐면 그들의 뇌 속에서는 한 번도 비행기 비슷한 것도 상상해본 적이 없기 때문입니다. 바로 코앞에 비행기가 있어도 그 비행기를 보지 못하는 것은 그들이 눈이 없어서가 아니요 귀가 없어서도 아니요 단지 그런 거대한 비행기가 존재하지 않는 다는 아주 강한 믿음이 있기에 그 비행기를 보지 못하는 것입니다. 즉, 믿음으로 비행기를 보지 못할 뿐입니다. 믿음은 이렇듯이 실제적인 것을 말합니다.

의사가 환자에게 가짜 약을 주었을 때 환자가 그 약을 실제 약이라고 믿고 먹으면 상당한 효과가 있다는 것은 너무나 유명한 과학입니다. 우리가 믿음으로 우리 육체가 죽었다고 믿는 다면 우리는 십자가에서 실제로 죽은 것이 됩니다. 이 믿음을 받아들이는 것이 진정한 복음의 믿음이요 인류역사상 그 누구도 믿지 못한 천지개벽할 믿음이요 천지창조인 것으로 이 복음을 이 믿음으로 태어난 사람을 예수 그리스도 안에서 창조된 새로운 피조물이라고 합니다. 죄의 몸인 육신의 몸이 죽어야 죄가 없는 깨끗한 육신으로 다시 태어날 수 있습니다. 이때의 육신이란 죄인을 말하는 바 피와 혈만을 말하진 않습니다. 어떤 사람이 깨끗하다고 할 때에 죄가 없는 사람으로 아는 것처럼 우리 육신도 죄에서 깨끗해질 수 있습니다. 비록 목욕을 자주 안 해도 우리 육신은 깨끗합니다. 우리 육신은 부활할 수 있습니다. 은혜로 부활합니다. 우리의 부활은 예수님의 부활과 똑같습니다. 그 이유는 하나님께서 그리스도를 부활시키실 때 우리도 같이 부활시키시기 때문입니다. 약 이천년 전에 예수님이 부활하신 것이 아니라 이러한 믿음이 들어오는 그 순간 예수님이 부활하시면서 그와 동시에 우리도 부활하여 하나님의 친아들이 되는 것입니다.

예수님처럼 어떻게 하면 육체로 죽었다가 다시 살아날 수 있을까요? 육체가 죽는데 과연 얼마의 시간이 필요한 것일까요?

실제로 죽는데 걸리는 시간은 0.0001초일 것입니다.

바로 이 0.0001초 후에 사람의 생사가 갈리고 이 0.0001초 후에 사람이 죽는 것입니다. 그렇다면 0.0001초 후에 죽고 0.0001초 후에 부활한다면 어떻게 되는 것일까요?

맞습니다. 우리는 말씀으로 거듭날 때 그 때 우리는 믿음으로 실제로 0.0001초 후에 죽고 0.0001초 후에 실제로 부활하는 것입니다.

믿음대로 실제로 이 일이 일어나는 것이고 이 일을 믿음으로써 믿음에 이르게 되는 기적이 일어나게 됩니다.

(고린도 전서15장 50절)

"형제들아 내가 이것을 말하노니 혈과 육은 하나님 나라를 유업으로 받을 수 없고 또한 썩은 것은 썩지 아니한 것을 유업으로 받지 못하느니라 "의 말씀은 사람으로 태어나 부활하여 신령한 육체가 되지 못하면 하나님 나라에 들어갈 수 없다는 뜻입니다.

유유상종이라는 사자성어가 있는데 이 말은 비슷한 사람끼리 만난다는 뜻인데 이와 마찬가지로 죄인 된 몸으로 태어나 거듭나서 부활까지 이르지 못한 사람은 부활한 사람만이 갈 수 있는 영생의 나라인 천국으로 옮겨질 수 없음은 사실 너무나 자명한 일인에 거듭났고 구원받았다고 주장한 사람들조차도 부활은 사람의 생명의 목숨이 끊어진 다음에 부활한다는 이상한 믿음을 갖고 있기에 그들은 아직 스스로도 부활하지 않았다고 믿고 있기 때문에 믿음을 보시는 하나님 입장에서는 구원파의 그 믿음은 여전히 죄 가운데 있고 부활하지 못했기 때문에 부활한 사람들만이 들어올 수 있는 영생의 나라인 천국으로 그들을 불러오실 수가 없으신 것입니다.

성경말씀 그대로 썩는 것 즉 인간의 몸인 상태 바꿔 말하면 부활하지 못한 사람들은 썩지 아니하는 것 즉 영생의 나라 하나님의 나라인 천국에 들어가지 못하는 것은 명약관화한 너무나 당연한 말씀이기에 우리는 썩는 것에서 썩지 아니하는 몸으로 어서 빨리 부활하여 거룩한 신분이 되어야만 하기에 성경말씀으로 부활에 동참하여 그리스도님과 한 몸이 되어야만 할 것입니다. 혈과 육은 하나님 나라를 유업으로 받을 수 없다고 하셨는데 여기서의 혈과 육은 부활하지 못한 더러운 혈과 육을 지적하시고 계시는 것이기에 혈과 육에서 부활하여 거룩한 그리스도님의 지체가 되어야만 그리스도께서 계신 영생의 나라에 들어갈 수 있기에 바른 신앙을 갖고 있는 이미 부활하시고 거룩한 지체이신 분들에게 질문하고 가르침을 받아 부활에 동참하시기를 간절히 바랍니다. 부활은 살아생전에 말씀으로 부활해야만 하고 죽은 뒤의 부활은 부활하지 못한 모든 죄인들이 하는 부활로서 그것은 진정한 의미의 부활이 아닌 영원한 형벌을 받기 위한 심판의 부활이기에 시급함을 갖고 긴급히 부활 상담을 받아서 부활해야만 살아생전에 영생의 나라인 천국으로 옮겨짐을 당할 수 있는 것이기에 여러분의 병자된 마음이 이러한 모든 것을 할 수 있음을 알려드립니다. 이 모든 것은 은혜 위에 은혜인 믿음을 바탕으로 합니다.

인류 역사상 부활의 종교인 그리스도교 그 중에서도 실제적으로 이 믿음을소유하신 분들이 바로 말씀을 받은 신들입니다. 하나님의 친아들들인 것이지요. 예수 그리스도께서 맏형이시고 우리들은 모두 그 분의 동생들이지자 친 아들들이 됩니다. 이 부활의 믿음을 꼭 가지시게 되기를 바랍니다. 부활하신 분들은 모두 100% 말씀과 믿음과 은혜로 되어 성경말씀 그대로 이제는 신이 되었기에 그들은 신들의 세상인 천국으로 살아생전에 차원이동을 하시어 비록 이 3차원의 세상에서 다른 죄인들과 함께 있지만 그 분들은 믿음으로 실제적으로는 4차원인 천국에 계신 분들입니다. 이것들은 모두 믿음으로 실제 상황입니다. 성경의 육신은 혈과 육을 말하는 것이 아닌 죄인을 말합니다.

[짐짓 죄를 범한 후의 죄사함은 불가능합니다]

죄를 범한 후 죄를 용서해달라고 하면 용서된다고 생각하는 그런 신도가 있다면 그 분은 아직 구원받은 사람이 아니고 여전히 죄인이서 지옥갈 분이십니다. 구원받은 사람은 죄를 범할 수가 없습니다. 우리가 모태에서 육신으로 태어나서 죄인이 되어 다양한 죄를 범하면서 삶을 영위해가고 그 결국은 영원 불 못으로 직행하는 나그네의 인생을 경험하게 되는데 이런 죄인의 신분을 벗어날 방법은 행위로는 불가능합니다. 십자가 상에서 예수님이 돌아가실 때 정말로 거의 모든 신도들은 예수님만 돌아가셨다고 믿는데 여기서 그 믿음에 크나큰 오류가 발생하게 됩니다. 만일 예수님만이 돌아가셨다고 믿는다면 여러분들은 아직 죽음을 경험하지 않게 된 것인데 그냥 예수님만 돌아가신 것이 되어 그분의 죽음이 여러분과 아무 관계도 없게 되는 죽음이 되시어 이는 예수님도 슬퍼하시고 여러분들은 영원히 슬피 울며 영원 불 못에서 비명을 지르게 되니 참으로 통탄할 일이 됩니다. 예수님께서는 반복해서 같은 말씀을 하시는데 그것은 "내가 너희 안에 너희가 내안에 있다 "는 말씀이신데 이 말씀이 이루어지면 여러분과 예수님은 한 몸, 한 영이 되어 그냥 글자 그대로 하나가 됩니다. 하나가 되면 그리스도께서 십자가에서 죽으실 때 여러분도 그분과 동시에 같이 죽는 것입니다. 이것이 진정한 믿음입니다. 성경에 기록되어 있기를 죄의 삯은 사망이라고 하셨기에 죄가 있으면 반드시 사망이라는 형벌을 받아야 하는 것이지 이 사망의 형벌을 피할 수는 없습니다. 문제는 이 사망의 형벌을 받은 후 그 후속 조치로 영원 불못에 빠져서 제2의 죽음을 영원토록 경험하느냐 아니면 죄의 삯인 사망의 형벌을 받은 후 부활하여 영생에 들어가느냐 하는 것이 인생 역사상 가장 큰 문제인데 이 문제를 생활의 염려와 이 생의 행복 때문에 소홀이 하여 전적으로 그리스도를 믿지 않는다는 점입니다. 우리가]예수님과 한 몸이 되었다면 즉, 우리가 그리스도와 한 몸이라는 것을 믿음으로 믿었다면 그리스도께서 십자가에서 죽으실 때 여러분도 그분과 같이 그 십자가에서 같이 죽는 것입니다. 이것은 믿을 때 실제로 일어나는 일인데 왜냐면 믿음은 바라는 것들의 실상 즉, 실체이기 때문입니다. 여러분들이 예수님과 함께 십자가에서 사망의 형벌을 믿음으로 받았다면 여러분들이 이제 이 세상 사람이 아닌 죽은 사람이 됩니다. 죽은 자는 스스로 부활할 수 없습니다. 죽은 이후에 실제로 부활한 사람은 인류 역사상 아무도 없습니다.

십자가에서 죽은 여러분들은 이제 영원 불 못에 들어가는 일만 남았습니다. 그런데 여기서 기적이 일어납니다. 우주에서 이보다 더 큰 기적은 없습니다. 하나님께서 사망하신 예수 그리스도님을 죽은 자들 가운데서 일으키십니다. 그 결과 예수 그리스도께서 부활하십니다. 그 때 예수 그리스도님과 한 몸이었던 여러분들도 같이 부활하시게 됩니다. 내 안에 계신 그리스도께서 사신 것이지 내가 산 것이 아닙니다. 나의 모든 것은 나의 모든 호흡과 생명은 이미 사라졌지만 그리스도께서 전적으로 100% 일으키셔서 저에게 호흡을 주시고 생명을 불어넣어주신 것입니다. 이것은 창세기에서 하나님께서 아담을 흙으로 빚으시고 그에게 생기를 불어넣어주셔서 아담에게 생기가 생기게 한 기적과 같습니다. 사도 바울의 고백이 나옵니다.

"이제는 내가 산 것이 아니요 내 안에 계신 그리스도께서 사신 것이라" 여러분 이 찬송의 고백이 나와야합니다. 부활한 사람의 호흡은 여러분의 호흡이 아니라 예수 그리스도님의 호흡입니다. 십자가에서 우리가 죽었기 때문에 죄를 지을 수가 없습니다. 죄에서 죽은 우리가 어떻게 죄를 지을 수 가 있겠습니까? 십자가에서 그리스도와 함께 믿음으로 죽었다면 죄를 지을 수가 없습니다. 그런데도 죄를 범한다는 사람이 있다면 그 사람은 다음 성경말씀이 도전이 됩니다. (디도서3장 11절) "이러한 사람은 네가 아는 바와 같이 부패하여서 스스로 정죄한 자로서 죄를 짓느니라 "에서 그런 사람은 부패하여 죄를 범하지 않았는데도 죄를 범했다고 스스로 정죄하여 스스로 타락하게 되는 것이 꼭 사단의 행위와 아주 똑같습니다. 아담이 범죄한 것이 아니라 본인 스스로 죄를 범했다고 믿었기에 아담이 죄를 범한 것이 된 것처럼 죄를 범하지 않았는데도 죄를 범했다고 스스로 정죄하면 그것은 실제로 죄를 범한 것이 됩니다. 스스로 정죄하여 죄를 지었다면 믿으면 실제로 죄를 지은 것입니다. 이것이 비밀입니다. 믿음은 바라는 것들의 실상이요 실체이기 때문에 이 믿음을 바로 죄로 보시기에 거짓말을 한 고서는 거짓말 죄를 범했다고 믿으면 그것은 바로 죄가 됩니다. 천국의 비밀이 여기에 있습니다. 거짓말 자체가 과연 나쁜 것인가요? 거짓말 죄가 나쁜 것이지 거짓말 자체에는 선악 판단이 없어요.

[간음 중에 잡힌 여자와 정죄]

간음 중에 잡힌 여자를 서기관들과 바리새인들이 끌고 왔을 때
예수님께서는 "너희 중에 죄 없는 자가 먼저 돌로 치라"하셨을 때
거기 있던 모든 사람들이 슬금슬금 사라졌는데 그 이유는 양심에
가책을 받았기 때문입니다.
만일 양심에 가책을 받지 않았다면 돌을 들어 여자를 쳤을까요?
양심에 가책을 받지 않는 자가 있었다면 그 사람은 전혀 죄를
범한 적이 없는 사람이었을 것이지만 그런 사람은 없기에
그 누구도 간음 중에 잡힌 여자에게 돌을 들어 쳤을 수가 없습니다.
예수님께서 말씀하시기를
"여자여 너를 고소하던 그들이 어디 있느냐 너를 정죄한 자가
없느냐 "하고 물으시니 여자가 대답하기를 " 주여 없나이다 "하였고
그러자 예수님께서 말씀하시기를 "나도 너를 정죄하지 아니하노니
다시는 죄를 범치말라 "고 하셨습니다.
간음 중에 붙잡힌 여자는 죄를 범하였지만 그 죄를 정죄하는 자가
없으니 그녀는 그 죄에 대한 형벌을 받을 필요가 없게 됩니다.
어떤 사람이 어떤 행위를 하였는데 그 행위에 대하여 어떠한 정죄도
없다면 그 어떤 행위는 불법입니까? 아니면 합법입니까?
율법이 없으면 정죄함도 없고 정죄함이 없다면 그것은 죄가 아닙니다.
우리 형법에 집행유예 같은 판결이 있는데 그런 비슷한 것입니다.
그 다음에 중요한 것이 예수님께서도 그녀를 정죄하지 않는다고
하신 것인데 이것이 매우 중요합니다. 세례요한이 예수님에게 세상의
죄를 안수를 통해 넘겼기 때문에 예수님께서는 죄인이 되신 것이고
죄인이 되셨기에 그 간음 중에 잡힌 여자를 정죄하실 수 없으셨습니다.
거의 모든 신자들이 예수님께서 그 여인을 정죄하실 수 있으셨는데
사랑으로 정죄하지 않으셨다고 하시는데 그렇지는 않습니다. 죄인이
죄인을 정죄할 수 없는 것은 너무나 당연한 일이기 때문입니다. 간음
중에 붙잡힌 여인의 그 죄는 이미 예수님에게 넘어왔기 때문에 그 여인은
더 이상 죄인은 아니었습니다. 그 여자 때문에 죄인이 되신 예수님께서
죄가 없는 그 여인을 정죄하실 수 없으신 것은 너무나 당연한

일이었지요. 그 이후 예수님은 몸을 굽히시어 손가락으로 땅에 쓰셨는데 이렇게 하신 이유는 예수님께서 장차 십자가에서 형벌을 받으실 것을 암시하기 위함이셨습니다. 하늘에서 오신 예수님이 인간을 상징하는 흙에 나무 막대기로 쓰신 것이 아니라 직접 손가락으로 쓰신 이유는 하늘과 땅 즉, 하나님과 인간이 예수님의 손가락으로 하나가 된다는 뜻으로서 신인합일을 뜻하는 장면입니다. 하늘에 계신 분이 땅과 합일 되시는 경우는 인간의 죄를 넘겨받은 후 그 죄를 멸하시고 인간을 말씀으로 낳아 하나님의 자녀로 창조하시는 경우가 됩니다. 이제 그 여인의 모든 죄는 예수님에게 넘어 왔기에 예수님께서는 여인에게 "가서 다시는 죄를 범치 마라" 하십니다. 여인의 모든 죄는 그리스도께 넘어왔기에 여인은 죄를 범하래야 범할 수가 없습니다. 그럼에도 불구하고 여인이 자신의 행동이 죄를 범했다고 스스로 인정하고 믿어버리면 그 믿음으로 말미암아 그 여인은 또 죄인이 됩니다. 믿음으로 말미암아 의인이 되고 믿음으로 말미암아 죄인이 되는데 이는 믿음의 결국입니다. 그래서 예수 그리스도께서 다시는 죄를 범치 말라 하신 것은 다시는 스스로 죄를 범했다고 스스로를 정죄하지 말라는 뜻이십니다. (로마서8장 1절) "그러므로 이제 그리스도 예수 안에 있는 자에게는 결코 정죄함이 없나니 이는 그리스도 예수 안에 있는 생명의 성령의 법이 죄와 사망의 법에서 너를 해방하였음이라 "의 말씀에서 결코 정죄함이 없다고 하셨는데 이것은 죄를 범했는데 그 죄까지도 용서하여 주셨다가 아니고 죄를 범하지 않았기에 정죄함이 없다는 말씀입니다.(로마서2장1절) "그러므로 남을 판단하는 사람아 무론 누구든지 네가 핑계치 못할 것은 남을 판단하는 것으로 네가 너를 정죄함이니 판단하는 네가 같은 일을 행함이니라 "의 말씀에서도 스스로 자기가 자기 자신을 정죄하는 것으로 볼 수 있습니다.(로마서4장 8절) "주께서 그 죄를 인정치 아니하실 사람은 복이 있도다 함과 같으니라 "의 말씀에서도 역시 하나님께서는 그 죄를 죄로 보시지 아니하신다는 뜻이신데 굳이 사람이 죄라고 믿는다면 하나님께서는 그것을 죄로 인정하시기에 결국 스스로 죄를 창조한다고 밖에 이해할 수 없게 됩니다. 죄인의 범죄 함으로 예수님께서 내어주심이 되었는데도 여러분 들이 범죄 한다면 어떻게 되는 것일까요?

[부활한 몸과 실제적인 호흡]

부활했다고 하면 사람들은 묻습니다. 당신이 부활했다면 영원히
죽지도 않고 병도 안 걸린다는 말이냐"면서 따집니다.

예수님께서 육체적으로 부활하신 후 하신 일은 배가 고프셔서
물고기를 먹으신 것인데 저에게 따지시는 분에게 되묻습니다.

부활하면 배도 안 고파야 하는 것이 맞지 않나요?

물고기를 드신 후 대변은 보지 않으셨을까요? 부활하신 분은
대변과 소변을 보지 않으실까요?

예수님처럼 부활하신 분들도 여전히 몸도 아플 수 있고 배도 고플 수
있습니다. 그렇다면 예수님과 같이 실제로 십자가상에서 죽었다고
하는데 그것이 사실이냐고 또 묻습니다만 네 맞습니다. 실제로
십자가상에서 예수님과 함께 죽었습니다는 것이 저의 대답입니다.

왜 제가 이런 말을 할까요?

(히브리서 11장 1절)

"믿음은 바라는 것들의 실상(실체)이요 보지 못하는 것들의 증거"의
말씀에서 하나님께서는 분명히 믿음은 실체라고 하셨습니다.

따라서 십자가 상에서 예수님과 함께 죽었다고 믿는다면 그 일은
실제로 일어난 일이 됩니다. 이 말씀이 믿어지지 않는다면 당신은
성경을 믿지 않고 있는 것입니다.

하나님께서 살아 역사 하시는 것을 여러분들이 믿음으로 말미암아
믿고 있는데 그럼 하나님은 실체십니까 아니면 그냥 허상으로 믿음으로만
존재하시는 신화적인 분이십니까? 네 맞습니다 하나님께서는
실체로 계신 분이십니다. 하나님께서 실체로 계신 것은 여러분들이
그 사실을 믿기 때문입니다. 신자들에게 있어서는 믿음으로 말미암아
하나님께서 실체로 존재하시는 것이십니다.

마찬가지로 우리가 예수님과 함께 십자가에서 죽었다는 것을 믿는다면
우리는 실제로 예수님과 함께 십자가에서 죽은 것이 됩니다.

성경 말씀을 믿는다면 이것이 체화되고 실제화 됩니다.

십자가에서 죽었다면 당신은 어떻게 부활했나요? 라고 물으신다면
인류 역사에서 죽은 후 스스로 부활한 사람은 한 분도 없으십니다.

심지어 예수님께서도 스스로 부활하지 못하셨습니다.

(로마서10장 9절)

"만일 네가 주예수를 입으로 시인하고 마음으로 하나님께서 그를 죽은 자 가운데서 살리셨다 "

하나님께서 예수님을 죽은 가운데서 살리신 것이시지 예수님께서 스스로 부활하신 것은 아니십니다.

(요한복음 6장56절)

"내 살을 먹고 내 피를 마시는 자는 내 안에 거하고 나도 그의 안에 거하리니 "에서 내 살을 먹고 내 피를 마시는 자는 한 마디로 그리스도 예수님의 피 흘리시고 대속하심을 믿는 것을 의미합니다. 이렇게 되면 한 마디로 예수님과 내가 한 몸이 된다는 뜻입니다. 그렇다면 예수님께서 십자가에서 돌아가실 때 여러분도 예수님과 함께 죽었음을 의미합니다.

(요한복음 15장 5절)

"나는 포도나무요 너희는 가지니 저가 내 안에 내가 저 안에 있으면 이 사람은 과실을 많이 맺나니 "

포도나무와 가지는 한 몸입니다. 포도나무가 죽었다는 것은 가지도 죽었다는 것입니다. 십자가상에서 예수님께서 돌아가셨다면 가지인 우리도 십자가 상에서 죽은 것입니다. 이것을 믿음으로 믿음에 이르러야 합니다. 우리는 십자가 상에서 죽었음을 믿는 것이 부활의 시작입니다. 십자가 상에서 죽었다면 어떻게 살아났나요? 예수님께서 스스로 살아나신 것이 아니시라 하나님께서 예수님을 살리신 것입니다.

(로마서6장4절)

"그러므로 우리가 그의 죽으심과 합하여 세례를 받음으로 그와 함께 장사되었나니 이는 아버지의 영광으로 말미암아 그리스도를 죽은 자 가운데서 살리심과 같이 우리로 또한 생명가운데서 행하게 하려 함이라 "에서 예수님을 하나님께서 영광으로 부활시키셨음을 알 수 있습니다.

우리가 예수님과 한 몸이기 때문에 예수님이 부활하시면서 자동적으로

우리도 부활할 것입니다. 우리가 부활한 것은 잘 나서가 아니라
100%은혜로 부활된 것이기에 이러한 은혜는 나의 행위와는 전혀
무관한 것이 됩니다. "우리가 그의 죽으심과 합하여"란 말씀에서
우리는 예수님과 함께 십자가에서 죽었음을 알 수 있습니다. 네 맞습니다,
우리는 이미 십자가에서 죄의 형벌로 죽음을 맞이했고 그 결과 우리는
실제로 죽었습니다. 신기한 것은 죽은 우리가 호흡하고 식사도 하고
얘기도 하는데 이는 놀라운 일입니다. 어떻게 죽은 시체가 호흡하고
식사하고 담소를 나눌 수 있을까요? 여기에 비밀이 있습니다.
잘 보십시오.
죽은 시체가 호흡을 어떻게 할까요? 네 맞습니다. 그리스도와 함께
죽음을 맞이 했다면 하나님께서 그리스도를 부활시키실 때에
우리도 부활시키셨는데 이때 오해하지 말아야 할 것은 죽은 우리에게
다시 호흡의 능력을 주신 것이 아니시라는 것입니다.
이미 죽은 시체는 세포가 죽었기 때문에 절대로 다시 살 수가 없습니다.
무슨 말이냐 하면 우리가 호흡을 하는 것은 우리의 세포가 다시 살아나서
우리가 스스로 호흡을 하는 것이 아니라 하나님께서 임재하셔서
하나님께서 직접 호흡을 하신다는 뜻입니다.
폐가 나빠져서 자가 호흡을 못하시는 분은 인공호흡기를 달게 되는데
이제 이 환자가 하는 호흡은 스스로 하는 호흡이 아니라 인공호흡기가
하는 것인데 이처럼 우리의 호흡은 우리가 스스로 하는 호흡이 아니라
하나님께서 우리 대신에 하시는 호흡인 것입니다.
내가 쉬는 들숨과 날숨은 더 이상 나의 것이 아닙니다. 이 모든 호흡은
하나님께서 하시는 호흡이십니다. 할렐루야~
사도 바울의 고백이 생각납니다
"이제는 내가 산 것이 아니요 내 안에 계신 예수 그리스도께서 사신
것이라" 이 고백을 이 글을 읽고 계신 여러분에게서도 나와야 합니다.
정리하면 하나님께서 예수 그리스도를 부활시키셨고 예수 그리스도와
한 몸인 우리는 자동적으로 은혜로 부활되었고 그 호흡은 하나님께서
하시는 호흡이다가 됩니다.

[영과 혼과 육에 관하여]

(요한복음6장 63절)

"살리는 것은 영이니 육은 무익하니라 내가 너희에게 이른 말이
영이요 생명이라 "

이 말씀에서 영과 육이 나오는데 여기에서의 영은 복음을 깨달은 사람을
말씀하시고 육은 복음을 깨닫지 못하는 사람을 말씀하신 것이시지
한 인간의 영과 육을 말씀하신 것은 아니십니다.

우리가 보통 거짓말을 하거나 나쁜 행동을 할 때 우리의 육체가
그 짓을 한 것일까요? 아니면 영혼이 육체에 지시해서 육체가 했을까요?
거짓말을 하면 결국 영혼과 육체가 다 한꺼번에 한 것인 것이
분명합니다. 영혼이 지시하지 않았는데 어떻게 육체가 스스로 거짓말을
하겠습니까? 결국 거짓말은 영혼과 육체가 다 같이 한 범죄입니다.

성경은 영혼과 육체를 분리해서 말씀하고 계시지 않습니다. 영과 혼과
육체를 분리하는 것은 성경의 논리에도 절대 부합하지 않습니다.

예수 그리스도께서 십자가에서 돌아가셨을 때 육체만 돌아가셨나요?
아니면 영혼도 돌아가셨나요? 만일 육체만 돌아가셨다면 그 영혼은 살아
남은 것이니 그 영혼은 자유롭게 움직이셨을 것입니다. 성경 어디를
보아도 예수그리스도께서 십자가에서 돌아가신 후 삼일 동안 그 영혼이
제자들에게 가시지도 않으셨을 뿐만 아니라 무덤에 계셨다는 기록 자체가
없습니다. 이러한 것을 볼 때 사람이 생명을 잃을 때에는 그 육체와 함께
그 영혼도 돌아가시는 것을 볼 수 가 있습니다.

삼일 만에 부활하시는데 그 삼일 동안 예수님은 어디에 계신 것이실까요?
삼일 동안 예수님은 지옥의 형벌을 받으심으로 인간이 겪어야 할 죽음과
거기에 따른 형벌을 인간을 대신해서 다 받으신 후 하나님의 은혜로
부활하신 그 기적 중의 기적을 우리는 목도할 수 있습니다.

즉, 영혼과 육체가 다 돌아가셨지만 그러나 전지전능하신 하나님께서는
그리스도를 죽은 가운데서 살리심으로 그리스도께서 삼일 만에
부활하셔서 제자들에게 그 부활하심을 보여주셨습니다.

영과 육은 하나인 것이지 따로 떼어놓고 볼 수 는 없습니다.

(로마서8장 7절)

"육신의 생각은 하나님과 원수가 되나니 이는 하나님의 법에 굴복치 아니할 뿐 아니라 할 수도 없음이라 "의 말씀에서의 육신은 단순히 단백질가 지방 덩어리인 육체를 지적하시는 것일까요? 당연히 아닙니다. 여기서의 육신의 생각은 바로 거듭나지 못한 죄인들을 의미하시는 것입니다. 죄인들의 생각은 하나님과 원수가 된다는 말씀이십니다. 죄인들은 하나님의 법에 굴복치 아니할 뿐 아니라 굴복 할 도 없다고 말씀하십니다. 영와 육과 혼은 하나이지 둘 또는 셋으로 나눌 수 없습니다. (요한복음4장 24절)

"하나님은 영이시니 예배하는 자는 신령과 진정으로 예배할지니라"에서 하나님은 영이시라고 하셨는데 이는 하나님께서는 거룩하시고 죄가 없으신 분이심을 나타내시는 것으로 하나님께서 보이지 않으신다는 말씀이 아닙니다. 구약에서 하나님께서는 불꽃 가운데서 모세에게 나타나셨으니 하나님께서 안 보이신다는 말을 틀린 말입니다. 창세기에 우리가 우리 형상을 따라 사람을 창조하셨다는 말씀이 나오는데 이 말씀은 하나님께서 형상을 가지고 계시다는 말씀임을 쉽게 알 수 있습니다. 하나님께서 예수님으로 오신 것만 보아도 알 수 있는데 예수님께서 말씀 하시기를 나를 본자는 하나님으로 보았다고 말씀하고 계십니다.

하나님께서 죄가 없으신 거룩하신 분이시므로 그 분에게 예배드리는 자 역시 죄 없고 흠 없는 어린 양처럼 의인이어야 합니다. 그래야 신령과 진정으로 예배드릴 수 있는 것입니다.

인간으로 태어나 복음을 믿고 깨달아 의인이 된 분들 그 분들만이 신령과 진정으로 예배드릴 수가 있으신 것입니다.

"신령과 진정으로(In spirit and In truth)"는 영어에서 알 수 있듯이 영을 말하고 진실을 말하는데 영어적 해석으로는 그 모양과 형태가 영의 형태이어야 하고 또한 진리가 나를 감싸고 있어야 한다는 해석이 됩니다. 우리가 눈에 보이는 육체의 모습을 하고 있다고 하더라도 그 육체의 모습이 바로 영의 형태라는 뜻이며 그 마음 자세는 반드시 진실이어야 한다는 뜻으로 이런 상태에 있는 거듭난 분들만이 유일하게 예배들 드리실 수가 있다는 말씀입니다.

보통 우리가 죽어서 심판의 부활로 나오게 되면 재판을 받게 되는데
그 재판은 살아생전에 우리가 얼마나 많은 극악무도한 죄를 범했는지에
관해서 일 것입니다. 살아생전에 지은 범죄가 단지 육신만의 범죄라면
그 육체의 탈을 벗은 우리는 아무런 죄도 없게 됩니다. 왜냐면
범죄를 저지른 육체는 사망이라는 심판을 받았기 때문입니다.
영혼은 아무 죄도 범하지 않았기 때문에 재판정에서 재판을 받을
필요조차 없게됩니다 . 왜냐하면 죄의 삯은 사망인데 육체는 사망이라는
심판을 받았기 때문입니다. 결국 살아생전에 지은 범죄는 육체뿐만
아니라 영혼이 죄를 범한 것임을 우리가 본능적으로 알고 있다는 이
사실이 사실 죄인들에게 멍에가 됩니다.
그러니까 사람이 죽은 것은 정하신 것이요 그 이후에는 심판이
있다고 하신 것이지요. 사람이 죽은 이후에 심판이 있다는 말씀은
사람이 생전에 지은 범죄는 육체와 영혼이 함께 저지른 범죄라는
말씀이십니다.
여러분들은 생각하시기에 육체는 고통을 느끼지만 영혼은 고통을
느끼지 않는다면 생각하시는 분이 있으시다면 그런 분들은 지옥에
가는 것을 걱정하지 않으셔도 됩니다. 유황불 못에 들어가도 전혀
고통을 느끼지 않을 것이기 때문입니다.
우리가 살면서 병으로 고통받을 때 육체와 영혼이 같이 고통을
받는 것입니다. 뼈가 부러지는 고통을 받을 때 괴로워하는 것은
육체와 영혼이 동시에 고통 받는 것이지 육체만 고통 받고 영혼은
고통을 안 받나요?
(고린도 후서4장 16절)
"그러므로 우리가 낙심하지 아니하노니 겉사람은 후패하나
우리의 속은 날로 새롭도다 "에서 바울이 겉사람과 속사람을 나누었다고
오해들 하시는데 전혀 그렇지 않습니다.
여기서 겉사람은 아직 구원받지 못한 사람을 말씀하는 것으로 겉사람은
결국 죽어서 심판대에 설 것이란는 뜻이고 속사람은 구원받아서
새로운 사람이 되었다는 뜻입니다.
다시 설명드리면 겉사람은 구원받기전의 죄인을 뜻하는데 이 죄인이

십자가에서 그리스도와 함께 십자가에 못박혀 죽었고
나 바울은 그리스도와 함께 죽은 자 가운데서 다시 살리심을 받았다는
표현을 속사람이 날로 새롭도다고 표현하신 것입니다.
이 말씀은 죄인이었던 몸(겉사람)에서 의인(속사람)이 된것을 말씀하고
있는 것이지 현재 내 안에 겉사람과 속사람이 동시에 존재한다는
말씀이 절대 아닙니다. 겉사람과 속사람이 동시에 존재한다는 것은
논리적으로도 말도 안 되는 말인데 왜 그러냐 하면 성령님께서는
죄가 없으시고 거룩하신 분이시기 때문에 죄있는 겉사람에게는
함께 하실 수가 없으시기 때문입니다.
(누가복음 11장 40절)
"어리석은 자들아 밖을 만드신 이가 속도 만들지 아니하셨느냐"
이 말씀에서 하나님께서 겉 사람과 속 사람을 창조하셨다고 하셨는데
그럼 겉 사람이 죄가 많고 추악하고 속 사람은 깨끗하다는 논리는
도대체 맞는 논리인가요? 하나님께서 겉 사람은 더럽고 추악하고 죄 많은
인간으로 창조하셨을까요? 하나님께서는 논리의 최고 정점에 계신
분이십니다. 논리적으로 봤을 때도 겉 사람과 속 사람은 하나의
사람이기 때문에 하나님께서 겉 사람과 속 사람을 같이 만드셨다고
하신 것은 결국 겉 사람과 속 사람이 하나라는 결론에 도달하게 됩니다.
이어지는 성경 말씀에 바울은 다음과 같이 고백합니다.
(고린도 후서 4장17절~18절)
"우리의 잠시 받는 환난의 경한 것이 지극히 크고 영원한 영광의
중한 것을 우리에게 이루게 함이니 우리의 돌아보는 것은 보이는
것이 아니요 보이지 않는 것이니 보이는 것은 잠간이요 보이지 않는 것은
영원함이니라 "
우리의 겉사람이 십자가 상에서의 죽음의 고통을 경험하는 것
바꿔 말하면 우리가 믿음으로 십자가 상에서 죽음을 경험하는 것 바로
이것은 잠시 받는 환난의 경한 것이란 뜻으로 우리가 십자가 상에서
믿음으로 죽음을 경험해야 한다는 뜻입니다. 이 단계를 거치면
속사람이 되어 영원함을 선물로 받게 된다는 뜻으로 그리스도와 함께
죽은 가운데서 살리심을 받는 은혜위의 은혜와 기적중의 기적을

믿음으로 경험하게 된다는 뜻입니다.

우리의 돌아보는 것 즉 믿음은 보이는 것을 믿는 것이 아니라
보이지 않는 것을 보는 것으로 믿는 믿음을 말하는 것으로
눈으로 보는 것은 잠간이요 믿음으로 보는 것은 영원함이라고
사도 바울은 가르치고 있음을 우리는 이해해햐 합니다.

[치유 역사와 물질 축복과 믿음]

병이 걸렸을 때 예수님께서 고치시는 것일까 아니면 내가 믿음으로
고치는 것일까? 예수님께서는 "네 믿음으로 될지어다 " 또는
"네 믿음이 너를 구원하였다 "고 말씀하셨는데 왜 그런 말씀을
하셨을까요? 바꿔 생각하면 우리가 믿지 않고 있다면 예수님께서는
결단코 여러분들에게 물질적 축복과 치유의 축복을 내려주시지는
않으신다는 말씀으로 우리 각각 개인의 믿음이 얼마나 중요한 지 알
 수 있습니다. 예수님의 옷깃을 스치기만 해도 좋겠다는 믿음이 있는
여인이 그 분의 옷깃을 스쳤을 때 그 때 비로소 예수님의 능력이
나갔음을 우리는 성경에서 알 수 있습니다.
환자의 치유의 축복은 결국 그 환자 자신에게 달려 있음을 여기서 우리는
절실히 알 수 가 있습니다. 믿음은 이렇게 중요합니다.
겨자씨만한 믿음만 있으면 천국갈 수 있는데 겨자씨는 사실 거의
돋보기로 봐야지만 겨우 보일 정도의 매우 매우 작은 씨입니다.
이런 믿음만 있어도 천국갈 수 있습니다. 그런 믿음이라도 여러분에게는
없기 때문에 구원 못 받는 것입니다.
그런데 안타까운 것은 이러한 굳건한 믿음을 갖는 다는 것이 거의
불가능할 정도로 어렵다는 얘기입니다.
그럼 어떻게 이런 믿음을 가질 수가 있을까요? 성경에는 그 해답이
나와 있습니다. 어떻게 해야 이런 믿음을 가질 수 있을까요?가 아니라
이런 믿음은 어디서 오나요?라는 질문이 옳습니다.
하나님께서는 긍휼히 여길만한 자를 찾으십니다. 그래서 "심령이 가난한
자는 복이 있나니 "라는 말씀을 하신 것입니다.
심령이 가난한자, 자기 힘으로는 아무 것도 할 수 없는 자 바로 그 자를
하나님께서는 찾으시고 구해주십니다.
잃어버린 양이 자기 스스로 목자를 찾아갔나요? 아니면 목자가 스스로
잃어버린 양을 찾으러 갔나요? 여러분들이 스스로 자기 자신이 잃어버린
양이라는 통탄의 마음을 갖고 심령이 가난하다면 하나님의 은혜가
그 때에 비로소 임하게 됩니다.
아무것도 스스로 할 수 없는 그가 하나님의 은혜로 걷고 침상을 박차고

일어난다면 그는 하나님을 진정으로 찬미하고 찬송할 것입니다.
자기 스스로 걷고 먹을 수 있고 침상에서 일어날 수 있다고 믿고
그렇게 행동하는 사람들에게 하나님의 은혜가 임해봤자 그들은 별로
고마워하지 않고 자기가 잘 나서 그런 축복을 받았다고 생각하면서
하나님을 그렇게 찬송하지 않습니다.
하나님은 전지전능하시고 모든 것에 절대적인 분이십니다.
그런 하나님께서는 오로지 자신과 닮은 사람을 사랑하고 싶으셔서
그분의 은혜를 주고 싶어 하십니다. 그 분의 은혜를 진정으로 받고자
하신다면 내가 쓰레기 중의 쓰레기요, 구더기 중의 구더기고
죄인 중의 괴수요 환자 중의 환자요, 죽어 마땅하여 지옥에 갈 수 밖에
더러운 쓰레기니 아~ 이토록 괴로운 나는 어찌 살아야 하나는
탄식이 나올 때 하나님의 사랑과 은혜가 정밀하게 여러분들에게 임하게
됩니다. 그 때 비로소 치유의 믿음과 물질 축복의 믿음이 생깁니다.
이러한 현상을 성경에서는 "믿음으로 믿음에 이른다" 고 하십니다.
결국 믿음도 은혜로 받는 것입니다. 모든 것이 은혜위에 은혜요
축복위의 축복인 것이지요.
정리를 해보면 진정한 믿음을 위해서라면 본인 자신이 벌레같은
쓰레기 죄인이라는 각성이 필요하고 그 결과 심령이 가난해지면
하나님의 은혜가 서광처럼 여러분의 마음에 비추어질 것입니다.
그렇게 생긴 믿음으로 말씀으로 연단받다보면 어느 새 진정한
믿음에 들어가게 됩니다. 이 상태가 되면 치유의 은혜와 물질 축복을
받을 수 있게 됩니다. 치유의 은혜와 물질 축복은 거듭한
그리스도인들에 게 필요합니다. 왜냐하면 이 세상은 사탄이 다스리는
곳이고 이러한 낯선 곳에 사는 천국 시민들이 살아가기 위해서 필요한
것들이 치유와 물질 축복인 것을 생각할 때 이것을 하나님께 구하시면
우리의 아버님이신 하나님께서 넉넉히 주실 것입니다. 이방 낯선 곳에서
살아가려면 이런 것들이 필요할 수밖에 없는데 그런데 정작 중요한 것은
일단 거듭나고 부활하신 분들에게만 이러한 치유의 은혜와 물질축복이
내려오는 것이지 그 밖의 죄인들에게는 이러한 역사가 일어나지
않습니다. 먼저 거듭나야 합니다.

[십일조를 내면 안 됩니다]

십일조를 내면 절대 안 됩니다. 십일조는 아직 우리가 죄사함을 받지 못했다는 증거이기 때문입니다.

십일조는 원래 구약에서 레위 지파 사람들이 먹고 살아갈 수 있도록 나머지 11개 지파 사람들이 돈을 모아서 그들에게 준 돈입니다. 레위 지파가 하는 일은 양이나 염소등을 잡고 유대인들의 죄사함을 담당했던 지파이어서 그들은 사유재산이 없고 일도 할 수 없는 한 마디로 하나님의 일을 하는 지파이기에 그들이 먹고 살 수 있도록 11개 지파가 돈을 모아서 레위지파에게 주는 것인데 이런 십일조는 구약에만 있는 것으로 죄사함을 위한 것입니다.

간단히 말하면 신약은 죄 사함이 이미 끝났기 때문에 죄사함과 관련있는 십일조는 더 이상 필요가 없을 뿐만 아니라 십일조를 계속 낸다는 것은 자기가 여전히 죄인이라는 간증을 하는 셈으로서 예수 그리스도의 구속의 역사를 전면 부정하는 아주 가증스러운 일이 됨을 이해해야 합니다. 십일조가 중요한 것이 아니라 헌금하는 마음 자세입니다. 헌금을 함으로 그 돈으로 전도와 선교가 일어난다면 그것으로 감사한 것이지 자신이 번 돈의 10%를 정확히 계산하면서 십일조라고 생각하면서 헌금하면 절대 안 된다는 뜻입니다. 십일조는 구약으로 끝나고 신약에서는 사라졌습니다. 십일조는 죄사함을 받지 못한 사람들이 내는 것입니다. 헌데 이미 죄사함은 다 이루어졌습니다. 그런데도 십일조를 낸다면 그 사람의 죄사함은 아직 이루어지지 않았습니다. 레위지파가 하던 그 반복적인 죄사함의 행위는 이미 끝났고 예수님께서 단번에 자신을 드리셔서 그 반복적인 죄사함의 제사를 끝내셨습니다. 그림자 였던 레위 지파의 시대는 끝났기 때문에 십일조도 끝났습니다. 레위지파가 그림자였고 그 본체이신 예수그리스도께서 단번에 모든 제사를 끝냈셨습니다. 복음을 받아들인 거듭한 분들에게는 다시는 십일조가 없고 마음의 감동에 따른 헌금만이 있을 뿐입니다.

[발을 씻어주시는 예수님의 의미]

제자들의 발을 씻어주시기 위해서 예수님께서는 무릎을 낮추시고 허리를 굽히시고는 더러운 발을 직접 그 분의 손으로 닦아 주셨습니다. 이런 행동은 종이나 노예등이나 할 수 있는 행동으로 매우 자신을 땅 끝까지 낮추신 행동으로 차마 우리가 받들기 힘든 일이지만 예수님께서는 이일을 행하셨습니다.

"온 몸이 깨끗한 자는 발만 씻으면 된다"는 말씀에서 보통 사람들은 원죄는 사라졌지만 자범죄는 회개해야 한다고 생각합니다. 하지만 틀린 믿음입니다. 예수님께서 모든 죄를 단번에 소멸하시어서 이제는 죄가 없다는 것을 상기시켜 주시기 위해서 발을 씻겨 주시는 것이지 자범죄 때문에 씻겨 주시는 것은 아니십니다.
만일 자범죄 때문이라면 제자들이 먼저 발을 씻겨 달라고 해야 합니다. 왜냐하면 자범죄는 범죄한 자들만이 먼저 알기 때문입니다. 예수님이 친히 세족하시는 이유는 너희들은 안심하라 너의 죄가 희게 되었다는 것을 상기시켜주시는 행위로 이는 떡과 포도주의 만찬과 같은 기념식인 것입니다. 떡과 포도주를 먹고 마실 때 자범죄가 사라지나요? 그렇습니다. 이것은 죄사함의 은혜를 기념하기 위해서 하는 만찬의 의식인 것이지 이것으로 죄가 사해지는 것은 결코 아닙니다.

(요한복음 13장 5절)

"이에 대야에 물을 담아 제자들의 발을 씻기시고 그 두르신 수건으로 씻기기를 시작하여 시몬 베드로에게 이르시니 가로되 주여 주께서 내 발을 씻기시나이까 예수께서 대답하여 가라사대 나의 하는 것을 네가 이제는 알지 못하나 이 후에는 알리라 베드로가 가로되 내 발을 절대로 씻기지 못하시리이다 예수께서 대답하시되 내가 너를 씻기지 아니하면 네가 나와 상관이 없느니라 시몬 베드로가 가로되 주여 내 발뿐만 아니라 손과 머리도 씻겨 주옵소서 예수께서 가라사대 이미 목욕한 자는 발 밖에 씻을 필요가 없느니라 온 몸이 깨끗하니라 너희가 깨끗하나 다는 아니니라 하시니 "
예수님께서 십자가 상에서 피 흘리고 죽으심으로 모든 사람의 죄가 다 사라져서 미래의 죄까지 포함하여 모든 죄가 사라져서 죄가 이 세상에 없는데도 바꿔 말하면 모든 사람이 죄에서 깨끗해졌는데도 여전히 자신이 더럽다고 생각하는 성도들을 위해서 예수님께서 발을 씻기시는 일을 하셨습니다. 근데 여기서 우리는 이상한 점을 찾을 수 있습니다.

예수 그리스도께서 아직 십자가 상에서 피흘리시고 죽음을 맞지 않으셔서 달리 말하면 온 인류의 죄를 아직 도말하지 않으셨는데 이미 목욕한 자는 온 몸이 깨끗하다는 말씀을 하신 것을 보면 좀 의아한 생각이 드실 것입니다. 성경을 정밀하게 보시는 분들이 계시다면 저의 말씀에 동의하실 것입니다. 여기서 우리는 인간의 시간적인 관점과 예수님의 시간적 관점이 전혀 다르다는 것을 알 수 있습니다.

인간의 시간적 관점은 그냥 처음부터 주~욱 순서대로 시간이 흐르는 것인데 비하여 예수님의 시간은 처음부터 항상 현재인데 바꿔 표현하면 시간이 흐르지 않는 것이어서 십자가 상에서 대속의 피를 흘리시는 것이 미래의 일이 아니라 바로 현재 발을 씻기시는 현장에서 그날 바로 일어나는 것입니다. 하나님께서 말씀하시기를 나는 알파와 오메가요 어제도 있었고 오늘도 있다고 하신 그 말씀은 하나님의 시간에 있어서는 항상 오늘이요 현재라는 것입니다.

항상 현재이시기에 너희 제자들의 몸이 깨끗하다고 하신 것입니다. 발을 씻는 것에 관하여 일반 신자들은 자범죄를 고백하여 그 죄를 용서받는 일을 해야 한다고 믿고 있는데 이는 성경을 오해한 것으로 성경을 정밀하게 보시면 전혀 그 뜻이 아닌 것임을 알 수 있습니다. 왜냐하면 제자들이 서로 서로 그 발을 씻어주라고 하셨기 때문입니다. 제자들이 서로 자범죄를 고백하고 제자들이 서로서로 용서해주면 그게 죄가 용서되는 것인가요? 아마도 카톨릭에서 이 말씀으로 신부가 고해성사를 듣는 것 같은데 좀 어이가 없습니다.

죄는 피해자가 용서해주거나 심판자가 용서해주는 것입니다. 죄를 범한 자가 자기의 죄를 자복한 후 스스로 죄가 사해졌다고 생각하고서는 자신이 죄가 없다고 하는 것은 지나가는 강아지가 멍멍할 소리입니다. 만일 죄를 범했다면 성경대로 그 죄에 대해서는 피가 있어야 합니다. 피 흘림이 없은 즉 죄 사함이 없느니라(히브리서 9장 22절)

자범죄를 범한 후 피를 봐야 하는데 누구의 피를 보려고 하십니까?
설마 예수님께서 또 피를 흘리시기를 바라보시고 그런 용서 기도를
하는 것인가요? 이제 자범죄를 범한 후 용서 기도를 드리면 용서된다는
전혀 성경에 없는 얘기를 하지 마시기를 바랍니다.
죄에는 반드시 형벌이 수반됨을 잊으셔는 안 됩니다.
발을 씻기시는 의미는 너희의 온 몸이 깨끗하다는 것을 잊지 않기 위한
하나의 기념식의 의미로서 발을 씻으면서 내 온 몸이 이미 깨끗하구나
하는 깨달음을 잊지 말하는 의미로서 이는 성찬식의 의미가 같고
유월절 기념식과 같습니다.
예수님이 허리를 숙이셔서 더러운 제자들의 발을 만지시고 씻어주시는
것을 보면 그 분의 하염없는 사랑과 은혜와 자비를 느낄 수 있을 뿐만
아니라 항상 죄에 대하여 우리가 고통받지 않기를 바라시는 그 분의
걱정을 느끼게 됩니다. 너희의 모든 죄가 사하여졌으니 아무 걱정 말라는
의미의 세족식과 성찬식을 몸소 실천하시면서 그 사랑을 베푸심은
모든 죄가 사라졌음을 재차 강조하시는 기념식임을 잘 이해하고
매일 자범죄의 용서기도를 드려야 한다는 그런 참람한 깨달음을
벗어 던지시기를 간곡히 부탁드립니다. 여러분들의 자범죄 용서기도는
예수님의 추가 희생을 강하게 요구하는 성령 훼방 죄임을 깨닫기를
바랍니다. 아직도 자신이 죄 때문에 더럽다고 생각하시는 분들은;
위의 성경말씀을 잘 보시기를 바랍니다. 분명 예수님께서 너희가
깨끗하다고 하셨습니다. 심판자이신 분께서 죄가 없는 깨끗한 상태라고
거듭 말씀하셨는데 그 말씀을 믿지 않고 자신이 더럽다고 믿고 계신
분들이 어쩔 수없이 더럽다고도 예수님께서는 말씀하고 계십니다.
토기쟁이인 예수님께서 토기보고 너는 거룩하고 깨끗하다고 말씀하시는데
토기가 스스로 자신은 더러운 토기이고 지옥갈 토기라고 하면서 자신은
불량품이라고 하니 토기쟁이 는 어쩔 수 없이 토기를 부숴버리고
불구덩이에 집어 넣습니다. 예수님이신 토기쟁이께서 깨끗하다고 하면
깨끗한 것입니다. 그 말씀에 여러분의 희한한 생각을 집어넣지 마십시오.
여러분의 그 더러운 희한한 생각 때문에 예수님께서는 세족식과 성찬식을
하시는 것임을 잊지 마십시오. 물로서 발을 씻는 것은 그 물이 심판을

의미하기 때문입니다. 대야의 물에 발을 담금으로써 나는 이미 십자가
상에서 죽었구나를 느끼고 또 발을 서로 씻어주면서 아~ 내가 이미
깨끗하구나 하는 것을 느끼시기를 바랍니다.

인간의 시간 관점에서는 예수님께서 부활하지 않으셨기에 내가 여전히
더럽다는 믿음을 가지고 있지만 예수님의 시간 관점에서는 이미 부활은
일어난 것이기에 예수님 입장에서는 여러분들의 몸이 모두 깨끗한
것입니다. 성경을 믿는 것은 여러분들의 관점을 모두 버리고 하나님의
관점에서 성경을 보고 믿는 것이 바로 새로운 피조물이 되는 것입니다.
인간의 관점에서 예수님의 부활이전 즉, 십자가상에서 피 흘리시고
죽음을 맞이하기 전은 내 죄가 여전히 사해지지 않았다고 믿지만 성경은
이미 그리스도께서 십자가상에서 죽음을 맞이하시기 전에도 이미 모든
죄는 세상의 모든 죄는 인류의 역사에서 도말되었음을 밝히 말씀하고
계십니다.

[믿는 것과 복된 것의 차이]

(요한복음 20장 29절)

"예수께서 가라사대 너는 나를 본 고로 믿느냐 보지 않고 믿는 자들은
복되도다 하시니라 "

믿음이 있는 사람과 복된 사람과의 차이점이 있을까요?

요한복음 20장은 부활하신 이후의 그리스도의 행적을 적은 것인데
도마가 등장하여 부활하신 예수님을 의심하니까 그리스도께서는
손과 옆구리를 내어주시면서 이렇게 말씀하십니다.

"믿음없는 자가 되지 말고 믿는 자가 되라" 하셨고 그 이후 도마는
대답하기를 "나의 주시며 나의 하나님이시니이다" 는 고백을
하게 됩니다. 이에 예수께서는 다음과 같이 말씀하십니다.

"너는 나를 본 고로 믿느냐 보지 않고 믿는 자들은 복 되도다
하시니라 " 이런 말씀을 하신 이유가 있으실까요?

저는 여기서 말씀드리고 싶은 것은 믿음이 있는 자들과 복된 자들이
과연 같은 자들인가에 대해서 이야기 해보고자 합니다.

(시편1장 1절)

"복 있는 사람은 악인의 꾀를 좇지 아니하며 죄인의 길에 서지 아니하며
오만한 자의 자리에 앉지 아니하고 오직 여호와의 율법을 즐거워하여
그 율법을 주야로 묵상하는 자로다 "

(시편2장 12절)

"여호와를 의지하는 자는 다 복이 있도다"

믿음은 있는데 여호와를 의지하지 않을 수 있나요? 전 그럴 수 있다고
생각합니다. 이런 믿음은 문자적인 믿음으로 머리 속으로만 믿는
믿음입니다. 십자가에서 죽었다면 손가락 하나 움직일 힘도 없을
것입니다. 하나님만을 의지해야 하나님께서 그 손가락으로 움직여
주십니다. 즉, 이런 상태가 되어야 부활한 상태가 되는데 이렇듯이
부활하려면 하나님을 의지하는 상태가 되어야 하며 이런 의지하는
상태가 되는 것을 복이 있다고 하는 것입니다.

바꿔 말하면 믿음은 있는데 복이 없는 사람이 태반이라는 뜻입니다.

보지 않고 믿는 믿음이 복이 있다고 하신 말씀을 잘 상기해보시기

바랍니다. 보고 믿는 믿음은 복이 없고 보지 않고 믿는 믿음이야 말로 복이 있다는 말씀으로 우리가 그동안 흔히 알고있는 믿음과는 판이하게 다른 말씀을 하고 계신 것임을 알 수 있습니다. 그렇습니다. 단순한 믿음이 아니고 진정한 믿음이야 말로 복이 있다고 하신 것임은 어떤 기적을 보고 믿는 믿음은 그냥 그대로의 어찌 저찌한 그럭저럭한 믿음이고 단순히 말씀으로만 믿는 믿음은 복이 있다고 하셨으니 우리가 믿음이라고 부르는 경우의 믿음은 반드시 복을 수반하는 믿음이어야만 할 것이고 그런 믿음은 그리스도 예수님의 말씀처럼 오로지 보지 않고 믿는 즉, 말씀으로만 깨닫는 믿음인 것을 우리가 깨달아야합니다.

믿음만 있는 사람이 아닌 믿음과 복이 있는 사람만이 여호와의 율법 즉 하나님의 진리의 말씀을 주야로 묵상하며 즐거워하는 사람입니다. 그런 사람이 있을까요?? 있습니다. 이 글을 쓰는 저자가 그런 사람입니다. 우리는 믿음만 있어서는 안 되고 반드시 복을 받아야만 하는데 그런 복을 어찌 받습니까??

(마태복음 5장 3절)
"심령이 가난한 자는 복이 있나니 천국이 저희 것임이요"
성경말씀대로 심령이 가난하면 저절로 복을 받게 되어 있습니다.
심령이 가난한 자를 하나님께서는 오늘도 두루 찾고 계십니다.
심령이 가난한 자라면 하나님께서는 은혜와 사랑으로 찾아 가십니다.
잃어버린 양을 목자가 찾아 나서는 것처럼 하나님도 하나님의
친아들로 삼으시기 위하셔서 심령이 가난한 자를 찾으시고 찾으신 후에는 복을 주셔서 그 분의 친아들로 삼으십니다.
성경말씀에 무릎을 꿇고 그 말씀에 마음 문을 여십시오. 성경대로 믿어야지 여러분의 생각의 나침반으로 그 생각을 고정해버리시면 성경이 믿어지지 않습니다.
정리하면 믿음은 자기의 행위로 믿는 믿음이고 복된 것은 하나님이 주신 믿음으로 믿어지게 되는 기적의 은혜를 말합니다. 아멘~

[예수님께서 두 번째 나타나심]

(히브리서9장 28절)

"이와 같이 그리스도도 많은 사람의 죄를 담당하시려고 단번에 드리신 바 되셨고 구원에 이르게 하기 위하여 죄와 상관없이 자기를 바라는 자들에게 두 번째 나타나시리라 "

자기를 바라는 자들에게 두 번째 나타나신다는 말씀은 우리가 흔히 생각하는 말세 때의 예수님의 재림을 말씀하는 것일까요?

이 말씀은 어쩐지 그런 뜻의 말씀은 아닌 것 같지요 안 그렇습니까? 구원에 이르게 하기 위하여 자기를 바라는 자들에게 다시 나타나신다는 이 말씀은 우리로 하여금 놀라운 상태를 경험하게 하시는 말씀이십니다. 단번에 죄를 속죄하신 이 후에 자기를 바라는 자들에게 구원을 이르게 하시기 위하여 다시 나타나신다는 뜻은 바꿔 말하면 부활한 사람을 의미하신다고 할 수 있습니다.

예수 그리스도께서는 죄가 없으신 거룩하신 분이시기에 죄가 있는 사람에게는 오실 수가 없으십니다. 즉, 죄인과는 한 몸이 되실 수가 없으신 것이지요. 단번의 속죄제 이후에 구원에 이르게 하시기 위해서 다시 나타나신다면 그것은 믿음으로 의인이 된 사람에게만 다시 나타나신다는 말씀이십니다. 바꿔 말하면 예수님이 다시 오신 분들만 구원에 이른다는 말씀이신데 그럼 예수님이 어떤 분들에게만 오시겠습니까? 예수 그리스도께서 부활하셨기에 그 분은 믿음으로 부활에 동참하신 분들에게만 임재하실 뿐 부활하지 못한 죄인들에게는 결단코 함께 하시지 않으신 것입니다.

예수님을 믿는다면 예수님께서 여러분들안에서 임재하시고 나타나심이 되셔야 그래야 구원에 이르게 된다고 하셨기에 지금 현재 예수님께서 내 안에 계시고 나와 한 몸이고 이제는 내가 산 것이 아니요 내 안에 계신 그리스도께서 사신 것이고 나는 십자가에서 못 박혀 죽었다는 그런 신앙고백이 나와야 예수님께서 그분에게 다시 나타나셨다는 증거가 되고 그래야 구원이라는 말씀이십니다.

예수님께서 구원을 바라시는 분들에게 나타나셔야 그래야 구원이라고 하셨기에 이제 예수님께서 나에게 현신하셨다는 그런 신앙 고백이 있는 분들만 구원받았다는 것임을 성경은 말씀하고 계십니다. 구원을 바라시는 분들에게 나타나실려면 우선 죄인이 아닌 분 즉, 의인에게만 현신하시기에 예수님이 다시 나타나신 분들은 의인임이 틀림없는 것이고 의인이라 함은 죄가 전혀 없는 분들일 것입니다. 만일 내가 믿기에 내가 부활했다면 그런 믿음이 있다면 나에게 예수님이 오신 것이고 내가 산것이 아니고 난 죽은 것이기에 나의 호흡과 움직임은 모두 예수 그리스도께서 하시는 것이라는 신앙고백이 나오는 것이 정상임을 아시게 될 것입니다.

구원의 증거로 예수님께서 현신하신 증거는 바로 이것인데 이것이란 내가 십자가상에서 그리스도 예수님과 함께 죽었고 그래서 나는 이 세상에 없는데 그리스도께서 부활하실 때 나도 같이 부활했으니 이제는 내가 산 것이 아니요 내 안에 계신 그리스도께서 사신 것이다. 지금 내가 하는 호흡과 모든 움직임은 죽은 내가 하는 것이 아니라 그리스도 예수님께서 하시는 것이다. 죽은 내가 스스로 부활한 것이 아니라 하나님께서 죽은 자 가운데서 예수님을 부활시키셨고 예수님과 같이 나도 부활했다. 그래서 나는 이 세상에서는 죽은 자요 천국에서는 예수님과 함께 부활한 자다. 예수님이 영생이신 것처럼 나도 예수님과 함께 한 몸이므로 나도 영생한다. 살아서 영생을 은혜로 선물로 받았으니 난 영원한 생명을 간직한 하나님의 친아들이 되었고 예수님은 맏형이시고 나는 그의 형제이다.

이런 믿음이 마음에 새겨질 때 그 때 비로소 그리스도 예수님께서 여러분에게 임하신 것이고 이것이 바로 성경에서 말씀하시는 구원에 이르게 하시기 위하여 예수 그리스도께서 두 번째 나타나신 것이 되는 것입니다. 이런 증거가 여러분 마음 속에 있나요? 없으시다면 아직 구원 받지 못했고 거듭나지 못했고 의인되지 못했고 부활하지 못한 것이고 여러분의 아버지는 마귀이고 여러 분은 독사의 자식으로 영원토록 지옥의 유황 불 못에서 고생할 예비 후보자들입니다. 오늘 밤 죽음의 천사가 여러분을 방문할 때 그를 어떻게 맞이할 것인가요? 항상 모든 것은 여러분의 선택입니다. 의인도 여러분의 선택이요 죄인도 여러분의 선택입니다.

[알곡은 예수님, 가라지는 죄인]

(마태복음 13장24절)

"예수께서 그들 앞에 또 비유를 베풀어 가라사대 천국은 좋은 씨를
제 밭에 뿌린 사람과 같으니 사람들이 잘 때에 그 원수가 와서
곡식가운데 가라지를 덧뿌리고 갔더니 싹이 나고 결실할 때에 가라지도
보이거늘 집주인의 종들이 와서 말하되 주여 밭에 좋은 씨를 심지
아니였나이까 그러면 가라지가 어디서 생겼나이까 주인가 가로되 원수가
이렇게 하였구나 종들이 말하되 그러면 우리가 가서 이것을 뽑기를
원하시나이까? 주인이 가로되 가만 두어라 가라지를 뽑다가 곡식까지
뽑을까 염려하노라 "

천국을 설명하실 때 다양한 비유로 설명하시는 것을 보면서 예수님의
자애로우심과 은혜로우심을 보게 됩니다.

좋은 씨를 자기 밭에 뿌릴 때 농부는 늘 그 씨가 잘 자라기를 바라는
마음 뿐일 것이고 그러면 아마도 틀림없이 그 밭 가장자리에 울타리를
쳐서 동물들이 와서 그 씨를 헤치지 못하게 했을 것이고 원수가 와서
나쁜 짓을 못하게 했을 것입니다.

이 농부는 자신의 밭에 소중한 씨를 뿌려 놓고서는 아무 방어적인 행동을
하지 않았습니다. 그러다 보니 원수가 가라지 씨를 뿌려놓고서는 도망간
것은 우연이 아닐 것입니다.

그 주인의 종들이 가라지가 어디서 생겼나이까 하고 물으니 그 주인은
원수가 와서 그랬나보다 하고 별 대수롭지 않게 대답합니다.

종들은 당연히 가라지를 뽑을 까요 라고 물어보겠지만 놀랍게도
그 주인은 그냥 두어라 하셨고 심지어는 가라지를 뽑을 때 알곡도 같이
뽑힐까 걱정까지 하셨습니다.

보통은 알곡과 가라지가 같은 밭에 있으니까 가라지를 뽑으면 될 것
같고 그래서 일반적으로는 가라지를 뽑습니다. 여기까지가 일반 신자들이
이해하시는 부분입니다만 그 주인의 생각은 전혀 달랐습니다.

그 주인은 가라지가 알곡으로 변화될 것이라고 생각했고 그 충분한
시간을 주어야 한다고 믿었습니다. 알곡과 가라지가 붙어있고 그 뿌리가
접해있다면 가라지의 뿌리는 알곡의 영향을 받아서 가라지는 점차로

알곡으로 변하기 시작합니다. 인생의 충분한 시간을 주었으면서 가라지가 알곡으로 부활하지 못한다면 그 가라지 인생은 죽음 후에 불살라지게 된다는 말씀이고 부활한 가라지들은 알곡과 함께 천국에 간다는 말씀입니다.

우리의 인생은 시작부터가 죄인인 가라지 인생입니다. 이 가라지 인생이 쓰레기 세상에서 자라서 결국 종말은 가라지로 수확되어 지옥에 가게 되는 이 비참한 현실을 외면하고 꿈같고 쓰레기 더미인 이 인생에서 성공하려고 발버둥치는 그런 미친 행동을 마치 진리인 것처럼 여기면서 노력하는 그런 가라지 삶을 살아가는 죄인들의 향연이 바로 구원받지 못한 독사의 자식들의 삶인 것입니다.

원수는 여러분들의 부모님들이시고 그 분들이 가라지를 심으신 것인데 그런 가라지들은 반드시 부활을 해야지만 천국에 갈 수 있을텐데 그럴며면 본인들이 가라지인 것을 먼저 자각을 해야만 할 것입니다.
주인이 자신의 밭에 아무런 울타리도 치지 않은 채 좋은 씨를 뿌렸다면 그 밭에는 당연히 다른 사람이 또 씨를 뿌렸을 것입니다.
성경말씀에는 사람들이 잘 때에 그 원수가 와서 곡식 가운데 가라지를 덧뿌리고 갔다고 하셨습니다. 좋은 씨가 이미 곡식으로 성장한 가운데에 가라지를 뿌렸다는 말씀이십니다. 좋은 씨가 이미 곡식으로 성장했다는 말씀에서 이 좋은 씨는 바로 예수님을 말씀하십니다.
아기 예수님께서 성장하셔서 즉 곡식으로 성장하셨을 때에 가라지가 예수님에게 덧붙여서 뿌려졌다는 말씀이니 이 말씀은 가라지가 예수님의 은혜로 부활할 것임을 비유로 말씀하시는 것이고 그 부활한 시간을 인생의 시간으로 충분히 주셨음을 알 수 있습니다.
주인은 하나님을 비유하시는 것입니다.
추수 때까지 예수님과 여러분을 같이 두시고 추수 때 예수님과 함께 부활하여 구원에 이르지 못한 사람들을 불사르겠다고 하신 것이니 성경말씀을 곡해하지 마시고 마음으로 받아들여 예수님과 함께 추수되시기를 진심으로 바랍니다.
정리해보면 좋은 씨란 예수님을 비유하는 것이고 곡식은 예수님이

그리스도가 되신 것을 말씀하는 것이고 가라지는 태어날 때부터 죄인인
인간들을 표현하신 것이고 알곡과 가락지를 같이 두어라는 말씀은
가라지가 알곡에 붙어서 알곡의 뿌리와 공유하여 가라지가 알곡으로
변화하는 부활을 의미하는 것이고 추수 때란 이러한 충분한 시간을
주었음에도 불구하고 예수그리스도와 함께 부활하지 못한 사람들을
심판의 부활로 나오게 하여 불사르신다는 말씀이십니다.
하나님께서는 좋은 씨인 예수님을 보호하지 않으시고 그 씨에 가라지가
붙을 수 있도록 허락하심으로 가라지를 알곡으로 변화시키시려고
하셨고 또한 성공하셨습니다. 그 성공의 범위내에 성경 말씀으로
깨달은 여러분들이 들어오셨으면 좋겠습니다.

[천국과 누룩]

(마태복음 13장 33절)

"또 다른 비유로 천국을 가루 서 말 속에 갖다 넣어 전부 부풀게 한 누룩과 같으니라 "

천국은 누룩과 같다고 하셨는데 이 말씀은 천국은 좋은 씨라고 하신 것과 같은 의미인 것을 우리는 이해해야 합니다.

누룩은 무엇인가요? 누룩은 곡식을 발효시켜 술을 만드는 곰팡이입니다. 발효라고 하는 것은 그 곡식의 성분이 변화하는 것을 의미합니다. 밀이나 쌀이 발효되면 술이 되고 부패하면 썩게 됩니다.

술은 사람이 섭취할 수 있지만 부패한 물은 사람이 섭취하면 죽거나 병들 수 있습니다. 술이 치료제로도 사용되고 축제 때도 사용되면 떡고 포도주로 예수님을 기념하라고 하셨을 정도로 사람에 이롭습니다. 물론 술을 과음하면 몸에 해롭지요.

누룩이 곡식을 발효시킨다는 것은 곡식의 유전자를 변화시킨다는 의미이고 이는 곡식의 부활을 의미합니다. 술과 곡식의 유전자는 당연히 완전히 다릅니다. 곡식이 가만히 있으면 술의 유전자로 바뀔까요? 누가 와서 곡식의 유전자를 바꾼 것일까요?

가루 서 말이 원래 있었고 이 가루 서 말에 어느 날 누룩이 찾아와서 그 누룩이 가루 서 말을 부풀게 했습니다. 부풀게 되면서 곡식의 유전자는 술의 유전자로 거듭나게 되고 부활하게 됩니다. 이처럼 거듭난 사람들 즉, 부활하신 분들의 유전자는 죄인의 유전자와 전혀 다릅니다.

이 분들의 유전자는 하나님의 유전 즉 예수그리스도님의 유전자와 같습니다. 아브라함이 이삭을 낳고 이삭이 야곱을 낳고의 말씀에서 좀 이상한 느낌이 들지 않으시나요? 어떻게 남자가 남자를 낳을 수 있을까요? 당연히 남자가 남자를 낳을 수 없어요. 이 말씀은 비유의 말씀으로 어떻게 하면 거듭나는 역사가 일어날 수 있는 지를 말씀하고 계십니다. 여러분들이 생각하시는 것 무엇일까요?

그렇습니다. 성경에서 낳았다고 하시는 것은 말씀으로 거듭났다는 것을 의미하고 계십니다. 아브라함이 말씀으로 이삭을 낳았고 이삭이 말씀으로 야곱을 낳았다는 말씀이지요.

말씀으로 낳으면 유전자가 변합니다. 아브라함의 유전자를 이삭도 가지고 있기 때문에 아브라함이 이삭을 낳았다고 말씀하고 계십니다.

이제 본론으로 돌아가서 말씀 나누면요

누룩이 곡식에 접하면 곡식에서 발효가 일어나면서 곡식의 유전자가 변해서 결국은 곡식이 부활하여 술이 됩니다. 썩어질 곡식의 유전자에서 영원히 썩지 않는 술로 유전자가 변하게 됩니다.

이것은 유황 불 못에 들어가야만 하는 죄인들에서 유전자가 변하여 영원한 생명으로 들어가는 부활과 거듭남을 비유로 말씀하고 계십니다.

가루 서 말 속에 누룩이 들어갔을 때 어떤 가루는 부패한 가루가 있는가 하면 어떤 가루는 발효되는 가루가 있는데 각각의 경우는 주변 환경과 가루 자체의 문제가 있는 경우입니다. 가루 자체 한 개 한 개가 심령이 가난하여 철저히 부숴져야 하는 곡식에 불과하다는 자기 성찰이 있는 경우 누룩이 접해지면 바로 발효에 들어가는 반면 어떤 가루는 그 표면이 경직되고 단단하여 그 누구의 침입도 허용하지 않으리하는 교만한 마음으로 꽉 차있을 경우에 누룩의 노크가 있어도 결코 자신을 내어주지 않게 되면 그러면 그 안에 있는 부패균이 활동하면서 결국은 그 자신 가루는 부패되어 썩게 되는 비참한 최후를 맞이하게 됩니다. 누룩 곰팡이가 곡식 가루에 접할 때 그 누룩곰팡이를 반갑게 맞이 하기만 하면 나머지 발효는 모두 누룩곰팡이가 알아서 그 과정을 진행하니 그 가루들은 그냥 가만히 있기만 하면 모든 것이 잘되어 발효가 되어 그 결국은 술이 되게 됩니다.

(요한복음 2장 7절)

"예수께서 저희에게 이르시되 항아리에 물을 채우라 하신 즉, 아구까지 채우니 이제는 떠서 연회장에게 갖다 주라 하시매 갖다 주었더니 연회장은 물로 된 포도주를 맛보고 어디서 났는지 알지 못하되 물 떠온 하인들은 알더라 "

이 비유는 예수 그리스도께서 혼인 잔치에 가셨을 때 여섯 돌 항아리의 물이 포도주로 변화되는 기적의 현장인데 여기서 우리는 한 가지 간과해서는 안 될 포인트가 있습니다.

보통 포도주는 그 색깔이 붉은 색입니다. 연회장에서 색깔이 붉기만 하면 그것을 포도주로 생각하는 것은 인지상정에 가깝지요.
성경말씀을 자세히 보면 포도주의 색깔은 나와 있지 않고 그 맛이
포도주라고 하신 것을 알 수 있습니다. 하인들조차도 그 물이 포도주인지
아닌 지 알 수 없었고 단지 명을 따라 갖다 준 것일 뿐이었는데
그것을 마신 사람들은 그 물이 포도주인 것을 안 것이지요.
겉모습만으로는 물인지 포도주인지 알 수 없습니다. 그 물을 직접
마셔야만 물인지 포도주인지 알 수 있습니다.
연회장에 온 손님들이 하인들이 포도주라고 하면서 물을 갖다 주니까
그 물을 포도주로 믿고 마신 사람들에게는 포도주가 되었고 그 물을
물로 마신 사람은 아마도 그 물은 여전히 물이었을 것입니다.
믿음으로 그 물을 마실 때 그 물은 부활하여 포도주가 되는 이 놀라움은
그 물을 직접 마신 그 분들에게만 일어났습니다.
이 포도주가 어디서 났는지 궁금했는데 이 포도주가 어디서 났는지
아는 사람들은 하인들이었습니다. 여기서 우리는 중요한 점을 눈치 채야
합니다. 그 포도주가 어디서 났는지가 중요한 것이 아니라 그 포도주를
직접 마시는 것이 더 중요한 핵심이라는 것이지요.
예수 그리스도께서는 물을 포도주로 거듭나게 하셨고 부활시키셨는데
이 또한 물의 분자가 포도주의 분자 구조로 바뀐 것을 알 수 있고 이것은
바로 부활을 의미하며 그 분자 구조가 바뀐 것은 죄인의 유전자에서
하나님의 유전자로 바뀐 것과 방불합니다.
물이 포도주로 부활한 것처럼 우리도 믿음으로 부활해야 합니다.
그 믿음의 부활이란 물을 포도주로 믿고 마실 때 그 때 물이 포도주로
부활하고 포도주로 분자 구조가 바뀐다는 의미고 실제로 그 물은
포도주로 바뀝니다. 이러한 모든 것은 믿음으로 인한 은혜의 선물로
인한 부활임을 깨달으셔야 합니다.
돌 항아리의 아구까지 물을 채우면 돌 항아리가 가득차고 가득찼다는
것은 죄인이 자신이 완벽한 죄인중의 괴수라는 신앙 고백을 하는 것이고
그 때야 비로소 예수 그리스도님의 은혜와 능력이 임하여 물이 포도주가
되는 것이지요. 비록 물이 포도주로 변한다 하더라도 그 물을 포도주로
믿고 마신 사람만 포도주를 마신 것이지 여전히 물로 믿은 그 사람에게는

여전히 물이 됩니다. 이 믿음은 바로 실제인 것을 이해하셨으면
좋겠습니다.
(히브리서 11장 1절)
"믿음은 바라는 것들의 실상(실체)이요 보지 못하는 것들의 증거니라"
이 말씀이 혼인 잔치의 물이 포도주로 된 기적 일화인데 이 믿음의
기적은 우리에게도 일어나야 합니다.

[믿음은 내가 믿는 것인가 믿어지는 것인가?]

엄마와 어린이가 길을 걸어가고 있을 때는 보통 엄마가 어린 아이의 손을 꼭 잡고 가지 어린 아이가 엄마 손을 잡고 가지는 않습니다. 엄마가 강한 손으로 어린이의 손을 잡고 있기에 어린이는 안전하게 집까지 갈 수가 있습니다. 여러분들이 하나님을 믿는다고는 하지만 실제적으로는 하나님을 여러분들이 믿는 것이 아니라 거꾸로 하나님께서 여러분들을 믿고 계시고 계심을 혹시 아시나요?

은혜로 천국 간다고 하는데 그 은혜를 믿음으로 말미암아 가는 것인데 여러분들의 믿음이란 바람 앞의 촛불처럼 좌우로 흔들리는 꺼질 수 있는 그런 아주 미약한 믿음일 뿐만 아니라 사실은 믿음이라는 단어를 사용하기에 민망할 정도의 믿음입니다.

긍휼히 여길 자를 먼저 알아보시고 그 심령이 가난한 자에게 하나님께서 은혜로 믿음을 주셔서 믿음을 갖게 되는 것이지 자기가 아무리 믿는다고 하여도 믿어지는 것은 절대로 아닙니다.

(야고보서 2장 1절)

"내 형제들아 영광의 주 곧 우리 주 예수 그리스도를 믿는 믿음을 너희가 받았으니 사람을 외모로 취하지 말라 "의 말씀에서 믿음이 인간이 믿는 믿음이 아니라 하나님의 선물인 것을 성경은 기록하고 있습니다.

(로마서 1장 17절)

"복음에는 하나님의 의가 나타나서 믿음으로 믿음에 이르게 하나니 기록된 바 오직 의인은 믿음으로 말미암아 살리라 함과 같으니라 " 성경에는 이르기를 믿음으로 믿음에 이른다는 이 말씀은 처음에는 우리가 믿는 것인데 이런 믿음으로 성장하다가는 어느 날 어느 때에 하나님께서 그 심령이 가난한 것을 보시고 그에게 믿음을 선물하신다는 의미입니다. 심령이 가난하지 않는 믿음은 진정한 믿음을 선물로 은혜로 받을 수가 없습니다. 나의 믿음이 견고해져서 그 믿음이 아무리 바위 같다 할지라도 하나님께서 주시는 믿음과는 비교 조차도 안 됩니다. 하나님께서 주시는 믿음은 이제 하나님께서 여러분을 붙잡고 계신다는 의미이기 때문입니다.

(야고보서 2장 5절)

"내 사랑하는 형제들아 들을지어다 하나님이 세상에 대하여는 가난한 자들 택하사 믿음에 부요하게 하시고 또 자기를 사랑하는 자들에게 약속하신 나라를 유업으로 받게 아니하셨느냐 "의 말씀에서 믿음을 부요하게 하시는 것도 은혜임을 알 수 있는데 우리가 스스로 우리의 믿음을 더 굳세고 단단하게 할 수는 없습니다. 믿음을 은혜로 선물로 주시고 그 주신 믿음도 더 부요하게 하시는 분은 하나님이시니 믿음의 처음과 끝은 모두 하나님께서 역사하는 일임을 우리는 감사함으로 받아야 합니다.

[예수님의 희생제물은 단지 죄인들의 죄 때문인가?]

사람이 한 번 죽는 것은 정하신 것이요 그 이후에는 심판이 있다고 하셨으니 사람이 죽으면 심판대에 서는 것은 피할 수 없는 시스템적인 순서입니다. 심판대란 그 사람의 유죄와 무죄를 판별하고 유죄라면 형벌을 선고하는 곳이란 것을 모르는 사람은 없을 것입니다.

성경은 사람이 한 번 죽으면 반드시 심판대에 선다고 말씀하고 계신데 만일 사람이 아니면 어떻게 되나요? 사람이 죽으면 심판대에 선다고 하셨으니까 만일 사람이 아니고 신의 상태에서 죽으면 심판대에 서지는 않는 걸까요? 우리는 성경을 신뢰해야 합니다. 성경을 신뢰하지 않는다면 성경이 무슨 필요가 있을까요?

살아생전에 사람에서 신의 상태 즉, 부활의 상태가 되는 것은 다른 문단에서 설명 올리겠습니다. 이번에는 죄에 대한 하나님의 관점에서 말해볼 까 합니다.

어떤 개망나니 아들이 있는데 이 아들은 온갖 해괴 망칙한 죄란 죄는 다 저지르고 다니는 양아치 중에 쌩양아치입니다. 심지어는 아버지의 재산도 팔아먹고 다니는 구제 불능의 아들이 있다고 합시다.

여러분에게 그런 아들이 있다면 그 아들에게 지옥의 끔찍한 형벌을 내리실 것인가요 아니면 그 죄를 그냥 다 용서해주실 것인가요?

죄를 용서해줄 신분이 있다면 말이지요. 잘 생각해보십시오. 사람인 상태에서 죽어서 심판대에 설 때에 하나님께서 그냥 은혜와 자비로 그 사람의 죄를 탕감해주면 그 사람은 지옥 유황 불 못에 들어가지 않게 됩니다. 하나님께서는 그런 위치와 능력을 가지고 계십니다.

바꿔 말하면 죄란 하나님께서 그냥 용서해주시면 탕감되는 그런 것이란 얘기입니다. 이런 방식으로 가볍게 해결할 수 있는 죄의 문제를 위하여 하나님께서는 너무나도 어렵게 고통을 당하시고 모든 고난과 시련을 견디셨을까요? 더군다나 모든 모욕과 심지어는 목숨까지도 내 놓으시는 그런 어마어마한 지순한 사랑을 보여주셨는데 왜 죄 때문에 그렇게 하지 하셨을까요? 다른 식으로 생각해보면, 하나님께서 과연 죄 때문에 십자가상에서 돌아가신 것은 혹시 죄 때문이 아닌 다른 이유가 있으셨을까요? 구원이란 죄에서부터 구원일까요? 아니면 영생을 얻는

것을 구원이라고 할까요? 만일 구원이 죄에서부터 구원이라면 굳이
하나님께서 말씀이 육신이 되어 우리 가운데 거하셔서 그런 모진 고통과
죽음을 받으시지 않으셔도 되셨을 것입니다. 그냥 죄를 다 탕감해주시면
되시지 왜 그런 고통과 죽음을 받으셨을까요?
(창세기 1장 26절)
"하나님이 가라사대 우리의 형상을 따라 우리의 모양대로 우리가
사람을 만들고 "에서 하나님께서는 하나님의 형상대로 인간을
창조하셨음을 알 수 있습니다.
(창세가 2장 7절)
여호와 하나님이 흙으로 사람을 지으시고 생기를 그 코에 불어 넣으시니
사람이 생령이 된지라 " 하셨는데 여기서 우리는 중요한 내용을 알 수
있습니다. 하나님께서 하나님의 형상대로 사람을 지으셨고 그 사람에게
하나님의 생기를 불어 넣으셨다는 말씀에서 놀라운 은혜를 발견할 수
있습니다. 첫째는 우리의 형상이 하나님을 닮았다는 것이고
둘째는 하나님의 생기를 불어 넣으셨다는 것은 하나님의 성령을 넣어
주셨다는 의미인데 이 성령을 넣어 주셨다는 것은 정말로 놀라운
은혜중의 은혜임을 마음으로 깨달아야만 합니다.
첫째와 둘째를 통해 하나의 결론에 도달 할 수 있습니다.
그것은 하나님께서는 하나님과 똑같은 또 다른 하나님을 창조하신 것임을
알 수 있습니다.
어떤 과학자가 있는데 그 과학자가 사람의 신체와 똑같은 메카니즘을
갖고 있는 생물학적 육체를 만들었고 그 생물학적 육체에 자신의 영혼을
그 생물학적 육체에 불어넣었다면 그 생물학적 육체는 제2의 과학자
자신이 됩니다. 즉, 과학자가 과학자 자신을 복제한 것입니다.
지금 인공지능으로 이런 과학적 결과는 충분히 가능한 상태인 것은
부정할 수 없음을 여러분들도 공감하실 줄로 믿습니다.
이 생믈학적 육체는 과학자와 동일한 영혼을 가졌지만 그 심성과
능력으로 과학자에게 덤비고 그를 배반할 가능성이 매우 높으므로
창조 과학자는 이제 심각한 고민을 하게 됩니다. 영혼을 겸비한 생물학적
육체를 이제는 어떻게 할까요? 이 육체가 과학자와 영혼적으로 한 몸이

되면 어떨까요? 과학자와 한 영혼이 된다면 배반하는 일도 생기지
않을 것이고 덤비지도 않을 것입니다. 그렇다면 어떻게 하면 이 생물학적
육체가 과학자와 한 몸이 될 수 있을까요? 이제 인간의 과학적 사고로는
더 이상 해볼 도리는 없게 됩니다. 하지만 이제 하나님께서만이 유일하게
이것을 하실 수 있으십니다. 그것은 죄인이 된 우리가 스스로 죽음을
선택하여 죽게 되면 즉, 우리의 교만한 자아가 스스로 죽음을 선택하면
우리의 교만은 안개처럼 사라지게 되고 거기에는 아무 것도 남지 않게
됩니다. 이 때 우리가 스스로 자살하면 그것으로 모든 것이 끝나게
되기 때문에 아무것도 아닌 것이 됩니다. 그리하여 우리가 스스로 죽음을
택할 때 예수님과 같이 죽는다면 우리 스스로는 부활을 못해서 영원한
죽음이 되지만 예수님과 함께 죽는다면 예수님이 부활하실 때 같이
부활하게 되고 예수님이 영생하신다면 그와 더불이 우리도 영생하게 되는
기막힌 논리와 방법으로 우리가 영생하는 것은 물론이요 이제는 하나님과
한 몸이 되기에 그 분을 배반하거나 덤비는 근본적으로 불가능하게
됩니다. 스스로 죽음의 길로 들어서려면 어떤 강력한 동기가 필요한데
그 동기가 바로 죄인 것이고 죄인은 반드시 유황 불 놋에 늘어가서
영원토록 극한 형벌을 받아야하는 비참한 상황에 처하게 될 때 비로소
그곳에서 벗어나고자 하는 강렬한 소망에서 하나님을 찾게 되고 그 죄의
형벌인 사망을 받고자 하는 마음이 생기게 됩니다. 우리가 태어난 이유는
죽기 위해서 그 죽는 목적은 영생하고 하나님과 한 몸이 되는 것으로
이것은 하나님께서 십자가에서 목숨을 내어주신 근본적인 목적인 것으로
이러한 일이 믿음으로 실제적으로 일어날 때 하나님께서 가장 크게
기뻐하시고 십자가의 도가 이루어진 기적중의 기적이 되게 됩니다.
할렐루야~ 감사드립니다.

[네 믿음이 너를 구원하였다]
(마가복음 10장 49절~52절)
"예수께서 머물러 서서 저를 부르라 하시니 저희가 그 소경을 부르며
이르되 안심하고 일어나라 너를 부르신다 하매 소경이 겉옷을
내어버리고 뛰어 일어나 예수께 나아오거늘 예수께서 일러 가라사대 네게
무엇을 하여주기를 원하느냐 소경이 가로되 선생님이여 보기를
원하나이다 예수께서 이르시되 가라 네 믿음이 너를 구원하였느니라
하시니 저가 곧 보게 되어 예수를 길에서 좇으니라 "
예수님께서는 하나님이 아들로서 하나님의 능력을 그대로 발휘하시는
분이신데 그런 분이시다고 하실지라도 죄인이 또는 병자가 죄 사함을
받고자 하는 열망과 병자가 병 고침을 받고자 하는 갈망이 없다면
그 분께서는 죄인과 병자를 고치실 수가 없으십니다. 왜냐하면 강제로
그들을 구원하시고 병을 고치신다해도 그들은 하나님께 전혀 감사해하지
않기 때문이고 천국에 간다고 해도 할렐루야를 말하지 않고 하나님을
진심으로 찬송하지 않는 가라지에 불과하기 때문에 진정으로 하나님의
아들 딸이 될 수 없기 때문입니다. 결국 죄로부터 구원받고 병에서
병고침을 얻으려면 그 자신의 처절한 자기 부인과 병에서 낫고자 하는
깊은 갈망이 있어야만 합니다. 우리가 그런 열망과 갈망이 있다면 그러한
갈급한 믿음만이 우리를 죄인에서 병자에서 구원해 낼 수 있을 것입니다.
거의 대부분의 사람들은 하나님이 우리를 죄에서 병에서 구원해 내실
줄로 아시지만 실제로는 그 반대로 우리가 우리를 죄에서 병에서
구원한다고 성경은 기록하고 있습니다. 죄인인 상태에서 병자인 상태에서
간절함에 간절함이 더해질 때 즉 심령이 가난해 질대로 가난해질 때
그 때 비로소 하나님의 사랑과 은혜가 넘치는 자비로 죄인과 병자에게
임하게 됩니다. 무리에서 잃어버린 양은 그 양 자신이 자신의 처지를
깨닫고 슬프게 들판에서 울 때 그 소리가 목자의 귀에 들어갈 때 비로소
목자는 그 양의 위치를 알고 그 양을 찾으러 오는 것과 다름이 없습니다.
(마가복음 5장 25절~34절)
"열 두해를 혈루증으로 앓는 한 여자가 있어 많은 의원에게 많은
괴로움을 받았고 있던 것도 다 허비하였으되 아무 효험이 없고 도리어

더 중하여졌던 차에 예수의 소문을 듣고 무리 가운데 섞여 뒤로 와서 그의 옷에 손을 대니 이는 내가 그의 옷에만 손을 대어도 구원을 얻으리라 함일러라 이에 그의 혈루 근원이 곧 마르대 병이 나은 줄을 몸에 깨달으니라 예수께서 그 능력이 자기에게서 나간 줄을 곧 스스로 아시고 무리 가운데서 돌이켜 말씀하시되 누가 내 옷에 손을 대었느냐 하시니 제자들이 여짜오되 무리가 에워싸 미는 것을 보시며 누가 내게 손을 대었느냐 물으시나이까 하되 예수께서 이 일 행한 여자를 보려고 둘러보시니 여자가 제게 이루어진 일을 알고 두려워하여 떨며 와서 그 앞에 엎드려 모든 사실을 여짜온대 예수께서 가라사대 딸아 네 믿음이 너를 구원하였으니 평안히 가라 네 병에서 놓여 건강할찌어다 "
혈루증으로 앓는 여자가 그 병을 치료하기 위해서 많은 의원들을 찾아가서고침을 받을 까 했는데 고침을 받지 못했는데 그 이유는 그 많은 의원들이 자기 병을 고칠 수 있는 능력이 있을까 의심했던 것도 있고 실제로는 그 많은 의원들이 그러한 능력이 없었기 때문입니다. 이 환자는 예수님의 소문을 들었고 그 분에게 치유의 능력이 있다고 굳게 믿고 있었고 실제로 예수님은 당연히 그 능력을 가지고 계십니다. 예수님을 만나는 것 자체가 너무나 힘들었던 그 환자는 만나는 것이 너무나 힘드니까 그냥 옷깃만 살짝 스치기만 해도 나을 수 있겠구나 하는 믿음을 자기가 창조해서 가졌고 그 믿음으로 최선을 다해서 예수님의 옷을 스쳤고 결국 예수님의 능력이 예수님에게서 나와서 그 능력으로 병 고침을 받았는데 그 시초는 이 환자의 너무나 간절한 믿음이었는데 이 믿음이 얼마나 간절했기에 이 환자는 믿음을 창조했습니다. 이 창조한 믿음으로 옷 깃을 만졌고 결국 병 나음을 얻었으니 "네 믿음이 너를 구원하였다는 말씀을 예수님께서 하시게 되셨습니다. 우리가 무엇인가를 하나님께 기도드릴 때 그 때는 먼저 심령이 가난한 상태가 되어야 하고 그 상태에서 옷깃만 스쳐도 낫겠다는 간절한 믿음이 있어야만 합니다. 이런 상태에서 기도드리면 하나님께서 믿음을 선물로 주시는데 이런 은혜를 성경에서는 믿음으로 믿음에 이른다고 하십니다. 구원과 치유의 은혜는 맨 처음 간절한 믿음에서 시작하여 하나님께서 주시는 믿음으로 마침이 되어야 진정한 믿음이 이루어집니다. 목사님께서 치유와 축복의

안수 기도를 하실 때 죄인과 병자의 마음 상태는 내가 꼭 죄사함과 병
치유를 받겠다는 열망과 간절한 마음이 먼저 있어야만 합니다.
그 상태에서 치유와 축복의 안수를 받으면 안수하시는 분의 능력이
전달되어 병이 낫게 됩니다. 모든 것이 우리의 믿음대로 됩니다.
(마태복음 8장 13절)
"예수께서 백부장에게 이르시되 가라 네 믿음대로 될 지어다 하시니
그 시로 하인이 나으니라 "의 말씀에서도 우리의 믿음을 강조하신 것을
볼 때에 예수님의 축복을 받으려면 먼저 그 믿음이 중요함을 알 수
있습니다. 여기서 믿음이란 우리가 흔히 아는 무조건 믿는 그런 믿음은
아닙니다. 바로 아주 간절한 갈망이나 열망을 믿음이라는 단어로 바꿔서
표현하신 것이신데 이런 심령이 가난하고 가난하여 아무 것도 할 수 없는
자포자기의 상태에 있을 때 그럴 때에 하나님의 긍휼이 임하신다는
뜻으로 우리의 믿음은 무엇인가를 굳게 믿는 그런 믿음이 아니라 심령이
가난해질대로 가난해지는 그런 자기 십자가를 지고 죽음의 음침한
골짜기로 무겁고 무거운 발걸음을 옮겨야만 하는 그런 비참한 심정을
가지는 것을 바로 믿음이라고 할 수 있기에 이런 처절한 심령이
죽어버릴 정도의 그런 마음이 되는 것이 진정한 하나님의 믿음에
도달하기 위한 기초석이 되는 믿음임을 이해해야 합니다.

[부활한 그리스도인은 왜 하나님처럼 전지전능하지 않을까?]

어떤 남자가 한 여자를 진정으로 사랑하게 되면 그 남자 자신은 사라지고 그 여자만 남게 됩니다. 사랑에 한 번이라도 진짜로 빠져보신 들이시라면 이 말을 이해하실 줄로 믿습니다. 그 남자는 자신의 목숨을 버려서라도 그 여인을 위해 그 사랑을 위해 기꺼이 자기 목숨을 버립니다. 이것이 진정한 사랑일 것입니다. 하나님께서 우리를 사랑하실 때 이 참 사랑, 진정한 사랑은 여러분들도 아시다시피 그 분의 고귀한 목숨을 버리시면서 까지도 우리를 사랑하셨습니다. 어떤 사람이 자신의 목숨을 버린다는 의미는 그가 가지고 있는 명예, 재산, 신분등을 다 포기한다는 뜻과 진배없을 것입니다. 하나님께서 여러분들을 사랑하실 때 바로 이와 같습니다. 우리들을 너무나 사랑하시어서 그분은 그 분의 모든 신분과 능력을 포기하시면서까지 우리를 사랑하시었습니다. 진정한 사랑은 그런 것이기 때문입니다. 예수 그리스도께서 십자가에서 돌아가실 때 그 분의 모든 것을 포기하신 것임을 우리는 잘 알고 있습니다. 사랑을 위해 모든 것을 포기하시고 우리와 한 영이 되셨으니 그 분의 모든 능력은 사라진 것입니다. 만일 어떤 초강력 초능력자가 있는데 이 초능력자가 어떤 여자와 사랑에 빠져 그 여인과 결혼을 하려고 하는데 그 결혼 자체는 성립이 안 됩니다. 수퍼맨과 인간이 결혼할 수 있나요? 수퍼맨과 인간은 그 유전자가 다르기 때문에 인간이 태어나지 못합니다. 인간과 개가 결혼하면 인간이 태어납니까? 아마 임신 자체가 안 되거나 임신이 되어도 인간이 아닌 동물이 태어날 것입니다. 이런 이유는 유전자가 다르기 때문입니다. 예수님의 유전자와 인간의 유전자는 근본적으로 다릅니다. 예수님은 본래 죄가 없으신 분이시고 인간은 절대 악이며 절대 죄를 갖고 있는 죄인들입니다. 예수님과 인간이 한 몸이 되려면 살아생전에는 불가능한 일입니다. 구약 시대 때 죄 사함을 얻으려면 양이나 염소에 안수한 후에 그 양이나 염소를 잡아 피를 내고 죽였는데 어떻게 인간의 죄가 동물에게 넘어갈 수 있을까요? 논리적으로 말이 안 됩니다. 만일 인간의 죄가 동물에게 넘어갈 수 있다면 굳이 그 동물을 죽일 필요는 없습니다. 그냥 안수만 하면 되기 때문입니다. 여기서 창조의 비밀이 있는데 그 양이나 염소를 반드시

죽여서 그 둘의 유전자를 초기화 시켜 그 둘의 유전자를 일치시키는
행위가 반드시 필요한 데 바로 그 행위가 죽음이라는 의식이 됩니다.
그래서 구약에서 죄사함을 얻는 예배를 드릴 때는 반드시 죽음의 의식을
치루었던 것입니다. 예수님과 인간의 유전자가 근본적으로 다르기 때문에
예수님과 인간의 유전자를 초기화 시킨 후 일치시키려면 예수님도
돌아가셔야 하고 인간도 반드시 죽어야만 합니다. 이런 이치는 이미
구약에서 죄사함의 의식을 통해 너무나 많이 예시로 보여주시고
계십니다. 예수님과 인간의 유전자를 일치시키려면 예수님의 모든 것이
사라져야 하고 인간의 모든 것도 사라져야 합니다. 그런 일이
있고난 후에 하나님께서 예수님과 완전 사망한 인간을 한 몸으로
한 영으로 부활시키실 때 그 때에 비로소 예수님과 인간은 한 영과
한 몸이 되고 예수님은 포도나무가 되시고 우리는 가지가 되고 예수님은
머리가 되시고 우리의 그의 지체가 되고 그 분은 우리의 맏형이 되시고
우리는 그 분의 동생이 되고 우리는 또한 하나님의 친 아들고 친 딸이
되게 됩니다. 하나님께서 예수님과 우리를 함께 부활시키시면 천국에서
사는 영생을 주셨습니다. 예수님 안에 우리가 들어가 있기 때문에
예수님께서 영생을 하시면 우리도 은혜로 값없이 영생하게 됩니다.
여기서 알아야 할 것은 하나님께서는 그리스도님에게 영생을
주셨지 그 능력은 주시지 않으셨기에 그리스도님안에 있는 우리들도
그 능력이 없게 됩니다. 사실 우리는 그런 능력도 필요 없습니다.
왜냐하면 우리는 죽었고 그리스도와 함께 살리심을 얻었고 영생하게
되었기 때문에 무슨 능력이 필요할까요?
완전 사망한 자가 대체 무엇을 할 수 있습니까? 당신이 부활했다고
주장하는데 그럼 초자연적인 능력을 발휘해보라고 누군가가 말한다면
위에서 말한 그 내용을 그대로 전달하면 됩니다. 완전히 처절히 사망한
자는 아무 것도 할 수 없습니다. 우리의 숨쉬는 것과 움직이는 것은
철저히 예수 그리스도께서 하시는 것임을 잘 깨닫고 믿어지고 있기에
초자연적인 능력을 우리 스스로는 절대로 할 수가 없습니다.
수퍼맨이 자신의 모든 능력을 포기하고 인간과 결혼하는 것은 불가능한
일입니다. 만일 수퍼맨이 그렇게 하려면 그는 죽어야만 합니다.

그런 결정을 예수 그리스도께서는 하셨습니다. 그 분은 자신의 모든 것을
포기하고 우리에게 모든 것을 거셨습니다. 이제 그분은 우리를
그리스도라고 하십니다. 그리스도와 한 영이 되었기에 우리는 그리스도가
되었습니다. 물방울 한 개와 물 방울 한개가 합하면 물방울 한 개가
됩니다. 더 큰 한 개의 물방울이고 우리는 그것을 그냥 물방울이라고
합니다. 여기서 그리스도 저기서 그리스도 그 분들을 합해서
그리스도라고 합니다. 내 안에 그리스도께서 계시기에 상대방 측의
그리스도께서도 저를 알아보십니다. 그리스도인이 그리스도인을 알아보면
그것이 바로 한 분의 그리스도가 됩니다. 하나님께서 육신으로 오셔서
피 흘리시고 죄사함을 하시고 목숨을 버리신 이유는 진정코 우리를
그리스도로 변하게 하시려고 하신 것인데 달리 표현하면 하나님께서
하나님 자신을 창조하신 것입니다.
호랑이가 새끼를 낳으면 우리는 그 새끼를 호랑이라고 하지 곰이라고
하지는 않습니다. 하나님의 말씀으로 우리가 낳아졌다면 우리는 하나님이
됩니다. 인간이 인간을 낳고 호랑이가 호랑이를 낳고 토끼가 토끼를 낳고
콩이 콩을 낳고 팥이 팥을 낳듯이 하나님은 말씀으로 하나님을 낳습니다.
하나님께서는 그런 우리를 친 아들과 친 딸로 부르십니다.
하나님께서 필요하신 경우에만 그리스도님께 능력을 부어주십니다.
우리는 그리스도의 지체이기에 그 분의 말씀을 따르지 그 능력을 우리는
스스로 행할 수가 없습니다.
[태초란 무엇일까?]의 페이지에서 태초를 잘 이해하셨다면 지금의 설명은
충분히 이해되시고 깨달을 수 있습니다. 태초란 각각의 개인을 말하는데
각각의 개인에 임재하신 하나님은 그 개인에게만 은혜와 기적을
베푸시기에 각각의 개인들만 그것들을 느끼고 감사하지 다른 개인들은
그것들을 전혀 알 수 가 없습니다. 이 말은 한국 사람이 다른 나라
사람들에게 한국에서처럼 무엇인가를 해보라고 하는 것과 똑같습니다.
혈과 육의 나라에서 이미 영생의 나라로 옮겨짐의 은혜를 입은 거룩하신
분들에게 혈과 육의 나라에서나 기적인 표적과 기사를 해보라고 하는
것은 하나님의 시험하겠다는 사단의 요구임을 성경적으로 이해하시기를
바랍니다.

[좁은 문과 멸망의 문]
(마태복음 7장 13절~23절)

"좁은 문으로 들어가라 멸망으로 인도하는 문은 크고 그 길이 넓어 그리로 들어가는 자가 많고 생명으로 인도하는 문은 좁고 길이 협착하여 찾는 이가 적음이니라 거짓 선지자들을 삼가라 양의 옷을 입고 너희에게 나아오나 속에는 노략질하는 이리라 그의 열매로 그들을 알찌니 가시나무에서 포도를 엉겅퀴에서 무화과를 따겠느냐 이와 같이 좋은 나무마다 아름다운 열매를 맺고 못된 나무가 나쁜 열매를 맺나니 좋은 나무가 나쁜 열매를 맺을 수 없고 못된 나무가 아름다운 열매를 맺을 수 없느리라 아름다운 열매를 맺지 아니하는 나무마다 찍혀 불에 던지우니라 이러므로 그이 열매로 그들을 알리라 나더러 주여 주여 하는 자마다 천국에 다 들어갈 것이 아니요 다만 하늘에 계신 내 아버지의 뜻대로 행하는 자라야 들어가리라 그날에 많은 사람이 나더러 이르되 주여 주여 우리가 주의 이름으로 선지자 노릇하며 주의 이름으로 귀신을 쫓아 내며 주의 이름으로 많은 권능을 행치 하니하였나이까 하리니 그 때에 내가 저희에게 밝히 말하되 내가 너희를 도무지 알지 못하니 불법을 행하는 자들아 내게서 떠나라가 하리라 "

좁은 문은 천국으로 들어가는 좁은 문을 비유하는데 여기서 좁은 문은 예수 그리스도님을 의미하여 멸망으로 인도하는 문은 인간의 생각을 비유합니다. 예수님(생명의 문)께로 가는 문은 좁고 길이 협착하여 찾는 이가 적은데 그 이유는 예수님께서 하신 말씀들이 거의 이해되지 않고 그로 인해서 믿어지지 않기 때문입니다. 이에 반하여 멸망으로 인도하는 문은 크고 그 길이 넓어 그리로 들어가는 자가 많은 이유는 멸망이란 곧 인간의 사상과 생각 즉, 인본주의이기 때문입니다. 여러분들이 세상에서 삶을 엮어 가시면서 고통스러운 것은 하나님 때문입니까? 아니면 여러분 주변의 인간들 때문입니까? 인본주의가 좋은 것인가요? 인본주의에는 권선징악이 없다보니 그냥 남을 사기치고 괴롭게 해도 무사통과 됩니다. 인본주의는 바꿔 말하면 사단주의라고 할 수 있습니다. 왜냐하면 성경에서 사탄은 사실 인간들이기 때문입니다. 사단의 정의가 무엇인가요?

성경은 사단의 정의를 하나님께 대적하는 자라고 하셨고 깨끗하지 못한 영혼이라고 하셨습니다. 수많은 순교자들을 박해하고 살해한 것의 정체가 사단입니까? 인간입니까? 하나님께 대적하는 자가 바로 인간입니다. 깨끗하지 못한 영혼 역시 인간입니다. 맞습니다 인간이 바로 사단입니다. 그래서 세례요한은 누가복음 3장 7절에서 "독사의 자식들아 누가 너희를 가르쳐 장차 올 진노를 피하랴 하더냐 "에서 인간들의 아비가 독사이고 그 자손은 독사 새끼라고 말을 한 것을 성경에서 볼 때에 인간은 바로 독사 즉 사단인 것을 알 수 있습니다.

멸망으로 통하는 문은 바로 인간의 가치관과 사상과 생각을 말하는데 이 문으로 너무나 많은 사람들이 가고 있음은 굳이 말 안 해도 누구나 알고 있는 사실입니다. 생명으로 인도하는 문은 좁고 길이 협착하여 찾는 이가 적은 것은 주지의 사실이지요. 생명은 영생을 나타내고 영생은 바로 그리스도시니 좁은 문과 생명의 문은 예수 그리스도님을 비유합니다. 그럼 생명으로 인도하는 문이 왜 좁을까요? 생명으로 인도하는 문을 들어가면 바로 예수님이신데 그 문을 통과했다는 것은 예수님과 한 몸이라는 것이고 그 분과 한 몸이면 불법을 전혀 행하지 않아야 되는데 만일 생명을 문을 통과했다고 주장하면서 여전히 불법을 행하고 범죄하고 있다면 그 믿음은 잘못된 믿음이기에 그 생명으로 인도하는 문은 좁고 협착하다고 하신 것입니다. 구원받았다고 하면서 거듭났다고 하면서 심지어는 몇년 몇월 몇시에 죄사함 받았다고 하면서도 여전히 죄를 범하는 당신들은 도대체 누구입니까? 거짓 선지자에게 휘둘려 구원받았다고 착각하는 당신들은 아버지가 누구이신가요? 예수님은 "불법을 행하는 자들아 내게서 떠나가라 "(마태복음 7장 23절) 고 말씀하셨습니다.

불법을 행하고 계시나요? 범죄는 불법이라고 성경을 기록하고 있습니다. 불법을 행하고 범죄하고 계시다면 예수님을 떠나셔야 됩니다. 너무나 당연한 말씀입니다. 거짓 선지자들이 양의 옷을 입고 온다는 말씀에서 양은 어린 양이신 예수님을 비유하는 것이고 예수님은 말씀이시므로 거짓 선지자들이 성경말씀으로 여러분들에게 나아온다는 말씀인데 그 속에는 노략질 하는 이리라고 하신 이유는 거짓 목사들이 일은 안 하면서 신도들의 돈을 헌금의 명목으로 사기치는 것을 지적하시는 말씀이십니다. 십일조를 강조하는 목사는 다 삯꾼들입니다. 십일조는 신약에서는 하면 안 되는 행위입니다. 그 이유는 십일조 부문에서 설명 올렸습니다. 십일조를 하면 안 되고 헌금은 됩니다.

거짓 선지자인지 진정한 믿음의 형제인지 어떻게 구별할까요? 성경은 그 구별법을 알려주십니다. "그의 열매로 그들을 알찌니 가시나무에 서 포도를 엉겅퀴에서 무화과를 따겠느냐 "의 말씀에서 거짓 목사들의 설교 말씀을 들어보면 그가 믿음의 형제인지 거짓 선지자인지 명확하게 알 수 있습니다. 그의 열매란 그의 말을 뜻합니다. 그 사람의 말이 그 사람의 열매이니 그 사람의 말을 들어보면 그 사람이 가시나무인지 엉겅퀴인지를 알 수 가 있습니다.

거짓 목사들 중에서 이렇게 말하는 목사들이 있습니다. "우리가 육신을 입고 연약하여 죄를 범할 수 밖에 없지만 하나님께서는 이 죄까지도 용서하여 주셨으니 참으로 감사합니다. 우리가 예수님과 한 몸이고 한 영이지만 나약한 육체가 있어서 때론 허물있고 불법도 행하지만 그래도 우리를 하나님께서는 의롭다 하십니다 "란 참으로 어처구니 없는 비논리적이고 비성경적인 말을 설교중에 합니다. 이런 거짓 목자를 예수님께서는 내게서 떠나가라고 하셨습니다. 예수님과 한 몸이라고 하면서 죄를 범한다는 것이 도대체 있을 수 있는 일입니까? 예수님은 부활하셨지만 그 분을 믿는 우리는 아직 부활 안했고 죽은 다음에 부활한다고 하는 그 비상식적인 논리를 갖고 있고 그런 죽은 믿음의 설교를 버젓이 하는 가짜 목사들을 여러분들은 혹시 지금 이 순간 만나고 계신 것은 아니신가요? 예수님은 부활하셨고 그 분을 믿는 신자는 아직 부활 안했다면 어떻게 예수님과 한 몸이라고 할 수가 있습니까? 하나님께서는 천지를 창조하신 분이신데 그 분은 지극히 논리적이고 과학적인 분이십니다. 우주 만물과 그 정교한 법칙을 만드셨는데 그 모든 법칙들이 지극히 논리적이고 과학적이기 때문에 우주 만물이 운행하고 있음은 삼척동자도 아는 사실입니다. 예수님을 믿는 다면 그 분이 부활하셨다고 믿는 다면 그 분과 한 몸이라고 믿는다면 여러분들은 지금 부활하셨어야 맞습니다. 아직 부활이 믿어지지 않는다면 최소한 예수님과 한 몸은 아닙니다.

거짓 목사들 중에서 다른 식으로 말하는 목사들이 있습니다.

"우리가 육신을 입고 연약하여 죄를 범할 수 밖에 없기 때문에 하나님께 날마다 용서기도를 드려야 합니다. 원죄는 용서되었지만 자범죄는 날마다 용서기도 드려야 합니다. 예수님께서 제자들의 발을 씻겨주신 것처럼 원죄는 사해졌지만 자범죄는 이런 식으로 용서 기도를 드려야 합니다. 천국은 영생은 우리가 죽은 다음에 천국에 들어가는 것이기에 우리는 열심히 범죄하지 말고 헌금도 열심히 전도도 열심히 해야 천국에 들어갈 수 있습니다 " 이 사람들은 유대인들과 비교하여 다른 점이 없을 정도이고 스스로를 행위의 밧줄로 속박하여 숨 막히는 신앙생활을 하는 사람들입니다. 행위로 천국가면 천국에서 하나님을 만나 뵈어도 하나님을 별로 찬양하지 않게 되는데 그 이유는 자신이 살아생전에 하나님 보시기에 좋은 행위들을 많이 했기 때문에 그 보답으로 천국에 왔다고 생각하기 때문입니다. 그렇게 용서 기도드리는 것을 깜빡하고 죽으면 그 죄는 어떻게 되나요? 죄의 삯은 사망이기 때문에 그 분은 반드시 지옥갑니다. 아름다운 열매를 맺지 아니하는 나무마다 찍어서 불에 던지시겠다고 말씀하시는데 아름다운 열매란 아름다운 신앙 간증을 말합니다. 아름다운 열매란 내가 그리스도의 은혜로 영원한 죄 사함을 받고 그리스도께서 부활하실 때 나도 값없이 부활에 동참하여 나도 현재 부활하였고 예수님계신 곳이 그 어디나 하늘나라이기 때문에 현재 나도 하늘나라 천국에 들어와 있고 부활한 그 순간부터 영생의 시작을 시작하였고 죄인으로 태어난 나는 십자가에서 완전히 사망했으므로 부활하기 이전의 나는 세상에 간 곳 없이 되었고 나의 숨 쉬는 것과 움직이는 모든 것이 내가 아니요 내 안에 계신 그리스도라는 찬송이라는 열매가 흘러나와야 그 나무가 아름다운 열매를 맺는 생명나무입니다.

생명나무는 예수님이시므로 예수님과 한 몸이기에 나도 생명나무가 되기에 아름다운 열매를 맺을 수가 있게 됩니다.

"주여 주여 하는 자마다 천국에 다 들어갈 것이 아니요 다만 하늘에 계신 내 아버지의 뜻대로 행하는 자라야 들어가리라 "는 말씀에서 왜

"주여 주여 " 하는 자마다 천국에 다 들어가지 못하냐 하면 하나님을
"주여 주여"라고 부르는 자들이 하나님이 자신의 친아버지가 아니고
주인이기 때문인데 아버님의 나라에 친아들들이 들어가는 것이지 종들은
못 들어가기 때문입니다. 하나님을 아버지라고 부를 수 있으려면
부활까지 해서 그리스도님과 한 몸, 한 영이 되어야만 합니다. 그 다음
말씀에서 아버지의 뜻 즉, 하나님의 뜻은 무엇일까요?
(요한복음 6장 39절~40절) "나를 보내신 이의 뜻은 내게 주신 자
중에서 내가 하나도 잃어버리지 아니하고 마지막 날에 다시 살리는
이것이니라 내 아버지의 뜻은 아들을 보고 믿는 자마다 영생을 얻는
이것이니 마지막 날에 내가 이를 다시 살리리라 하시니라 " 이 말씀에서
하나님의 뜻은 예수님을 믿는 자마다 영생을 얻는 것이라고 분명히
밝히시고 계십니다.
이 말씀에서 마지막 날에 다시 살린다는 의미는 무슨 뜻일까요?
마지막 날이라고 하면 흔히 사람들이 전 지구적인 종말을 말하는데
여기서도 그런 전 지구적인 종말을 말씀하시는 것일까요? 마지막 날의
징조에 관하여 성경은 처처에 기근과 지진과 역병이 있겠다고 하셨는데
이런 징조는 전 지구적인 종말에만 있었던 것들은 아니고 인류 역사를
통틀어 항상 있어왔던 사실들입니다. 달리 말하면 전 지구적인 종말은
없다는 얘기입니다. 마지막 날과 전 지구적인 종말과는 전혀 관계가
없는데 그 이유는 각 개인이 죽는다면 각 개인의 죽는 그 날이
그 사람에게 전 지구적인 종말이 됩니다. 내가 죽는 다면 지구의 종말이
내게 무슨 의미가 있나요? 예수님께서 밝히 말씀하신 마지막 날은
각각의 개인들의 사망일을 말씀하시며 마지막 날에 다시 살리신다는
말씀은 각 죄인들이 십자가 상에서 완전한 사망을 겪게 되면 즉
십자가 상에서 예수 그리스도님과 함께 완벽히 죽는 다면 바로 그 날이
그 사람의 마지막 날이 되는데 이 죽은 날을 예수님께서는 마지막
날이라고 하신 것입니다. 마지막 날이 그 사람에게 임하면 그래서
그 사람이 십자가 상에서 완전한 사망을 이루어 그 존재가 사라지게 되면
그 때 비로소 그리스도께서 그 사람을 사망에서 건져내어 그리스도와
함께 부활에 동참하게 하여 그 사람이 부활되는 것을 말씀하십니다.

이렇게 부활하면 영생을 주시겠다고 하셨으니 그리스도님의 말씀대로 모든 것이 이루어지고 있습니다. 영생이란 이렇게 그리스도님과 같이 십자가 상에서 죽고 같이 살리심을 얻게 되면 그리스도께서 영생하시기 때문에 그 은혜로 말미암아 값없이 영생하게 되는 것이기에 너무나 할렐루야를 자기도 모르게 말하게 되는 기적중의 기적이 일어나는 놀라운 축복의 역사를 느낄 때 그 때부터 영생이 시작됩니다. 육체가 죽은 다음에 천국에 들어가서 그 때부터 영생이 시작되는 것이 아닙니다. 사람이 한 번 죽은 것은 정하신 이치요 그 후에는 심판이 있다고 하셨는데 육체로 죽기 전에 사람인 상태로 있으면 심판의 부활로 나오게 되지만 육체로 죽기 전에 사람이 아니고 신의 상태 즉 예수 그리스도님과 한 몸과 한 영이 되면 이제는 사람이 아니고 신이기 때문에 죽지 않게 되고 영생을 하기 때문에 심판의 부활로 나아가지 않고 그냥 예수님과 함께 영생을 하게 됩니다.

"하나님의 말씀을 받은 사람을 신이라 하였으니"에서 우리가 하나님의 말씀을 받아 그리스도와 함께 한 영이 되었으니 이제 우리의 신분은 사람이 아니라 하나님의 친 아들과 딸 즉, 신이 되었음을 성경은 기록하고 있습니다. 그리스도께서 신이시니 그와 함께 한 영이 된 우리도 신인 것은 너무나 당연한 논리이고 믿음입니다. 이런 모든 것은 믿음으로 믿음에 이른 것이니 이 말씀을 잘 듣고 깨달아 믿음으로 승화되어 하나님께서 주신 믿음에 이르게 되시기를 간절히 바랍니다.

[구원파의 잘못된 믿음]

구원파의 핵심 믿음은 자신의 모든 죄가 예수님에게 넘어갔고 그래서 자신이 앞으로 지을 죄까지도 용서되었다고 하는 그 믿음인데 이 믿음은 반 성경적 믿음이라고 할 수 있습니다. 또한 이들은 죄에 대하여 엄청난 오해를 하고 있으며 그 교리 또한 하나님께 대항하는 적그리스도적인 가르침에 빠져 있습니다. 예수님과 한 영이라고 하면서 자신들은 의인이라고 하고 또 거룩하다고 하면서 실제로는 죄도 짓고 허물 많은 사람인데 그들을 하나님께서 의롭다고 하시니 그 말씀을 믿어야 한다는 교리인데 하나님 말씀을 믿는 것은 너무나 당연한 일인에 그 말씀을 믿으려면 모든 말씀을 일통해서 믿어야지 자기들에게 유리한 말씀만 골라서 믿어서는 참 믿음이라고 할 수 없습니다.

그리스도 예수 안에서 새로운 피조물이라고 수십 번 설교 중에 강조하지만 그 말씀이 잘 안 믿겨지는지 계속해서 가스 라이팅 하듯이 반복해서 그 말씀을 강조하지만 말씀은 그렇게 강조한다고 해서 믿어지는 것이 아닌데 왜냐하면 참 믿음은 하나님께서 은혜로 값없이 선물로 주시기 때문입니다.

(유다서 1장 3절)

"사랑하는 자들아 내가 우리의 일반으로 얻은 구원을 들어 너희에게 편지하려는 뜻이 간절하던 차에 성도에게 단번에 주신 믿음의 도를 위하여 힘써 싸우라는 편지로 너희를 권하여야 할 필요를 느꼈노니 "에서 믿음은 단번에 주신다고 하신 것처럼 믿음은 선물인 것을 깨달아야만 합니다. 믿음은 내가 믿는 것이 아니고 하나님이 여러분을 믿는 것이기에 그 믿음은 내가 하는 행위가 아니고 그 또한 은혜인 것입니다.

은혜위에 은혜라는 말씀에서 첫 번째 은혜는 그리스도의 대속의 은혜이고 두 번째 은혜는 그 대속으로 말미암은 우리의 죄사함과 부활을 믿게 해주시는 그 믿음을 주신 은혜로서 이것을 성경은 은혜위의 은혜라고 표현하고 계십니다.

구원파의 설교를 들어보면 그 믿음이 기본적으로 자기의 행위가 들어가 있는데 행위가 들어있는 것을 어떻게 알 수 있냐하면 하나님 말씀 특히 그리스도 예수안에서 새로운 피조물이라는 그 말씀이 특별히 잘 안 믿어

지기에 계속 반복하는 것을 보고 그들의 믿음은 자기 자신의 행위의
믿음임을 알아챌 수 있었습니다.

구원파의 교리나 믿음은 반 성경적이라는 뜻은 그들은 다음과 같은
말씀에 전혀 답변을 못하고 있기 때문입니다.

(요한삼서 1장 11절)

"사랑하는 자여 악한 것을 본받지 말고 선한 것을 본 받으라 선을
행하는 자는 하나님께 속하고 악을 행하는 자는 하나님을 뵈옵지
못하였느니라 "

(마태복음 7장 23절)

"불법을 행하는 자들아 내게서 떠나가라"

(요한복음 8장32절~36절)

"진리를 알지니 진리가 너희를 자유케 하리라 저희가 대답하되 우리가
아브라함의 자손이라 남의 종이 된 적이 없거늘 어찌하여 우리가 자유케
되리라 하느냐 예수께서 대답하시되 진실로 진실로 너희에게 이르노니
죄를 범하는 자마다 죄의 종이라 종은 영원히 집에 거하지 못하되
아들은 영원히 거하나니 그러므로 아들이 너희를 자유케 하면 너희가
참으로 자유하리라 "

구원파 사람들은 죄 사함 받고 거듭난 후에 범죄하고 나서는 이 죄까지도
용서해 주셨다고 하는 아주 희한한 믿음을 창조해서 가르치고 있는데
참으로 비성경적인 믿음입니다. 예수 그리스도님와 한 영이 되어
거룩하다고 하고 심지어는 의인이라고 하면서 어떻게 죄를 범할 수
있다는 것인지 이런 비논리적으로 비성경적인 믿음은 어디서 나오는
것일까요? 거룩한 사람이 어떻게 추악한 거짓말 죄, 간음죄를 범할 수가
있나요? 그리스도와 함께 한 영이 되었다고 하면서 이런 각종 죄를
범한다는 것은 적그리스도적인 믿음이고 거짓 선자들의 사기성 발언에
속고 있는 것입니다. 하나님을 욕보이는 이런 범죄는 그렇다면 하나님도
범죄한다는 뜻이 되는데 이것이 바로 사단이고 적그리스도임은 굳이
말해 무엇하겠습니까?

(로마서 7장 17절~24절)

"이제는 이것을 행하는 자가 내가 아니요 내 속에 거하는 죄니라

내 속 곧 내 육신에 선한 것이 거하지 아니하는 줄을 아노리 원함은
내게 있으나 선을 행하는 것은 없노라 내가 원하는 바 선은 하지
아니하고 도리어 원치 아니하는 바 악은 행하는 도다 만일 내가 원치
아니하는 그것을 하면 이를 행하는 자가 내가 아니요 내 속에 거하는
죄니라 그러므로 내가 한 법을 깨달았노니 곧 선을 행하기 원하는 나에게
악이 함께 있는 것이로다 내 속 사람으로는 하나님의 법을 즐거워하되
내 지체 속에서 한 다른 법이 내 마음의 법과 싸워 내 지체 속에 있는
죄의 법 아래로 나를 사로잡아 오는 것을 보는 도다 오호라 나는 곤고한
사람이로다 이 사망의 몸에서 누가 나를 건져내랴 "
구원파 사람들이 바울의 이 고백을 읽고서 현재의 상태가 바울의
상태라고 고백한다면 그 사람 역시 아직 구원받은 것이 아닙니다.
바울 자신이 밝히 말합니다. " 내가 원하는 바 선은 하지 아니하고
도리어 원치 아니하는 바 악은 행하는 도다 만일 내가 원치 아니하는
그것을 하면 이를 행하는 자가 내가 아니요 내 속에 거하는 죄니라 "
바울은 자기 속에 죄가 있다고 고백합니다. 아직 죄 사함 받지 않았음을
고백합니다. 바울의 고백처럼 구원파 신도분들이 바울처럼 악을 행하고
내 속에 거하는 죄가 죄를 범한다고 하면 그리스도의 대속의 역사는
당신들하고는 상관이 없습니다.
(로마서 7장 25절)
"우리 주 예수 그리스도로 말미암아 하나님께 감사하리로다 그런즉
내 자신이 마음으로는 하나님의 법을 육신으로는 죄의 법을 섬기노라 "
바울의 이 고백을 구원받았다고 하는 분들이 믿고 있다면 그 분은 정말로
잘못된 믿음을 갖고 있습니다. 바울의 고백이 만약에 내가 그리스도의
대속을 진정으로 믿으면 내가 죄를 범하지 않게 되니까 바꿔 말하면
하나님의 은혜가 임하면 범죄하지 않는 거룩한 몸이 되니까 그냥 믿기만
하고 깨닫기만 하면 그렇게 되니까 그렇게 해주실 하나님께 감사한다는
뜻이지 구원받고 나서도 여전히 "마음으로는 하나님의 법을 육신으로는
죄의 법을 섬긴다 "는 뜻은 아닙니다. 로마서 7장 25절의 바울의 고백은
아직 바울이 거듭나지 못했고 부활하지 못했다는 자신의 처절한 고백인
것이지 거듭나고 나서도 여전히 "마음으로는 하나님의 법을 육신으로는

죄의 법을 섬기노라 "의 의미는 아닙니다.

진정으로 구원받고 부활하신 분들의 고백은 완전히 성경적입니다.

"하나님 아버지 저를 말씀으로 낳아주셔서 친 아들로 삼아주시고
그리스도께서 저의 맏형이 되셨으니 참으로 감사드립니다.

예수님의 보혈로 저의 모든 죄를 사하여 주셨사오니 저는 이제 범죄치
않게 되어 조금의 허물이나 흠도 행하지 않게 되었사옵니다.

이제는 내가 산 것이 아니라 내 안에 계신 그리스도께서 사신 것이시기에
제가 쉼 쉬는것과 움직이는 모든 것이 제가 하는 것이 아닌 그리스도께서
하시는 것이기에 저는 이 세상에 간 곳 없고 오직 그리스도께서 만이
저를 숨쉬게 하시고 움직이게 하여 주시니 너무나도 깊이 감사드립니다.

저는 예수님님과 함께 십자가상에서 죽고 하나님 아버지께서 죽은
가운데서 그리스도님을 부활시키실 때 저도 같이 부활시켜주셔서 이제는
제가 완벽한 부활체가 되어 하루하루가 영생의 일부분이 되어 감사히
살아가고 있습니다. 세상 죄를 예수님께서 지고 가셨기에 이 세상은
너무나 깨끗한 세상이 되고 거룩한 세상이 되었음을 감사드립니다.

제가 살아생전에 부활하였으니 다시는 심판의 부활로 나아갈 수 없는
것도 또한 감사드립니다. 부활하지 못한 사람만이 심판의 부활로
나아간다고 성경은 기록하고 있는데 저는 그리스도님과 한 몸과 한 영이
되었사오니 제가 거룩한 성령님이 되었습니다. 감사드립니다.

심판의 부활은 사람만이 가는 것인데 저는 그리스도님과 한 영이 되어
이제는 신이 되어 더 이상 사람이 아니기에 심판의 부활로 나아가지
않아도 되니 참으로 감사드립니다 " 이런 기도가 정상적으로 거듭난
그리스도인들이 해야만 하는 기도입니다.

진정한 구원은 살아 생전에 죄사함 받고 부활까지 하고 전혀 죄를
범하지 않는 신의 상태인 것을 말합니다. 구원파 여러분들은 자신의
신앙을 재검검 해보시기를 간곡히 부탁드립니다. 여러분 마음에 진정한
평화가 없고 천국 소망이 흔들린다면 그런 믿음은 모래 위에 지은
초가집에 불가하다는 것을 잘 상기해보시기 바랍니다.

하나님께서 말씀으로 우리를 낳았다면 우리는 하나님과 같은 유전자를
갖고 있는 작은 하나님입니다. 그래서 우리를 하나님 자녀라고 합니다.

[사단의 정체]

(민수기22장 22절)

"그가 행함을 인하여 하나님의 진노하심으로 여호와의 사자가 그를 막으려고 길에 서니라 발람은 자기 나귀를 타고 그 두 종은 그와 함께 있더니 "에서 " 여호와의 사자가 그를 막으려고 "할 때의 " 막으려고 "의 원문은 "사단" 을 나타낸다. 사단이란 "길을 막는자" 또는 "대적자" 를 사단이라고 한다.

(사무엘상 29장 4절)

"그가 전장에서 우리의 대적이 될까 하나이다" 에서도 대적을 원문은 "사단" 이라고 표현하고 있습니다.

(열왕기상 11장 14절)

"여호와께서 에돔 사람 하닷을 일으켜 솔모몬의 대적이 되게 하시니" 에서 솔로몬의 대적을 원문에서는 "사단" 이라고 표현하셨습니다

(마가복음 8장31절~33절)

인자가 많은 고난을 받고 장로들과 대제사장들과 서기관들에게 버린바 되어 죽임을 당하고 사흘 만에 살아나야 할 것을 비로소 저희에게 가르치시되 드러내놓고 이 말씀을 하시니 베드로가 예수를 붙들고 간하매 "예수께서 돌이키사 제자들을 보시며 베드로를 꾸짖어 가라사대 사단아 내 뒤로 물러가라 네가 하나님의 일을 생각지 아니하고 도리어 사람의 일을 생각하는도다 하시고 "에서 사람인 베드로를 사단이라고 꾸짖고 계시는 것을 알 수 있습니다. 사람의 생각을 하고 있던 베드로는 예수 그리스도께서 이 세상의 정치적, 군사적 지도자로 오신 것으로 알고 있기에 예수님께서 죽임을 당하시고 부활하신다는 종교적 메시지를 말씀하시는 것을 보고 자신의 세상적인 생각을 밝히며 죽으시면 안 되신다고 하며 간하며 예수님을 붙드는 지극히 사람의 생각을 하니 예수님께서는 베드로에게 "사단아 내 뒤로 물러가라"고 꾸짖으셨는데 사람의 생각을 하고 있는 베드로에게 사단이라고 하신 것을 볼 때도 사람의 생각과 예수님의 생각이 반대가 되므로 이러한 사람의 생각을 사단이라고 하신 것임을 우리는 잘 이해해야 합니다.

(마태복음 13장 38절)

"밭은 세상이요 좋은 씨는 천국의 아들들이요 가라지는 악한 자의
아들들이요 "이라고 하셨는데 악한 자의 아들들이 바로 악한 자이므로
그들이 사단, 마귀가 됩니다. 악한 자는 어떻게 구별하나요? 불법을
행하고 범죄하는 그들이 악한 자이니 결국 범죄하는 자들이
악한 자이므로 그들이 사단, 마귀들입니다. 죄인들의 다른 말이 사단,
마귀들입니다. 사단이란 하나님의 일을 방해하고 그 길을 막고 대적하는
자들을 사단이라고 하는데 이 사단은 바로 사람의 생각 즉, 사람을
말합니다.

(요한계시록 2장 9절)

"자칭 유대인이라 하는 자들의 훼방도 아노니 실상은 유대인이 아니요
사단의 회라 "

(로마서 8장 7절)

"육신의 생각은 하나님과 원수가 되나니 이는 하나님의 법에 굴복치
아니할 뿐 아니라 할 수도 없음이라 "에서 육신 즉, 사람의 생각은
하나님과 원수가 된다고 하셨으니 하나님과 원수가 사단, 마귀이므로
사람의 생각은 사단, 마귀가 됩니다. 유대인의 모임에서는 사람의 생각이
마구 마구 펼쳐지는데 그 유대인의 회를 사단의 모임이라고 하셨습니다.
부활하기 전의 옛 사람, 거듭나기 전의 겉 사람이 모두 사단, 마귀입니다.
사람의 생각 즉, 자신의 생각이 사단입니다.

아담이 선악과를 따먹은 후 아담의 생각 즉, 사람의 생각으로 선과 악을
구별하기 시작하여서 인류의 불행이 시작되었는데 결국 사람의 생각으로
선과 악을 구별하여 하나님께 버림받는 자가 되었으니 이것이 결국
사단인 것입니다. 선악과를 스스로 따먹었으니 스스로 타락한 점에서도
사단이 됩니다.

[하나님을 주여 주여 하는 자들은 천국에 들어가기 쉽지 않은 이유]

"나더러 주여 주여 하는 자마다 천국에 다 들어갈 것이 아니요"
하나님께서 여러분들의 주인이실 때 그 때 "주여 주여" 합니다. 맞나요?
주님은 주인과 종의 관계일 때 그 주인을 부르는 호칭입니다. 맞나요?
하나님께서는 여러분들이 죄인이실 때 그 죄인을 구원해주시는 주님이
맞습니다. 그렇다면 죄인 상태에서 구원되셨으면 이제 더 이상 죄인이
아니라면 의인이 됩니다. 이제 더 이상 죄인이 아니므로 하나님은
더 이상 여러분들의 주님이 아니시고 아버지가 되십니다. 그래서
거듭났다고 하면서도 여전히 하나님을 "주여 주여" 하는 분들은 여전히
죄 가운데 있다고 신앙고백을 하는 것과 방불합니다. 아무 생각 없이
하나님을 "주여 주여" 하셨나요? 하나님은 여러분들의 친아버지
되시기를 간절히 원하십니다. 그래서 말씀이 육신이 되어 우리에게
오셨고 십자가 상에서 자신의 목숨을 내어주셨을 정도로 우리를 자신의
목숨처럼 사랑하시는 그 분은 우리의 친아버지가 되시기를 바라십니다.
그 분이 그 하나님께서 여러분들의 친아버지가 되셨으면 참 좋겠습니다.
구원받기 전에는 당연히 "주여 주여" 했지만 구원받은 이후에는 당연히
아버지라고 불러야 너무나 맞는 말씀이지요.
하나님의 집에 들어와 계신다면 하나님은 우리의 아버지가 되시는데
자신의 아버지에게 "주여 주여" 하시는 분들이 계시나요? 좀 바보
아닌가요? 아버지를 부를 때에는 "아버지"라고 하는 것이 옳습니다.
기도할 때 하나님을 "아버지"라고 부를 수 있는 그런 믿음을 선물로
은혜로 받고 부활하시기를 간절히 바랍니다. 엉겅퀴에서 무화과를
낼 수 없는 것처럼 그 열매로 그 나무의 종류를 알 수 있습니다.
여러분의 열매 즉, "주여 주여" 하는 것은 아직 죄인이 상태라는
간증이므로 하나님을 "주여 주여"는 것이 하나님을 "아버지"라고
부르는 것 보다 편하다면 당신의 신앙을 긴급히 점검해보시기를
바랍니다.

죄사함과 즉시부활

초판 1쇄 발행 2025년 5월 15일
지은이_박성진
펴낸이_ 김동명
펴낸곳_ 도서출판 창조와 지식
디자인_ 박성진
인쇄처_ (주)북모아

출판등록번호_ 제2018-000027호
주소_ 서울특별시 강북구 덕릉로 144
전화_ 1644-1814
팩스_ 02-2275-8577
ISBN 979-11-6003-886-6 (03200)
정가 15,000원

지식의 가치를 창조하는 도서출판 **창조와 지식**
www.mybookmake.com